HOTEL
ホテル・ビジネス・ブック
BUSINESS

仲谷秀一＋テイラー雅子＋中村光信［著］
NAKATANI Hidekazu+TAYLOR,S. Masako+NAKAMURA Mitsunobu

BOOK

第2版

EHB Essentials of Hospitality Business

中央経済社

第2版の刊行にあたって

本書『ホテル・ビジネス・ブック』は，2006年に第1版が出版されてから，ホテル業界を志す学生の方々をはじめ，業界関係の方々など幅広い層に活用されてきました

これは，第1版を企画・執筆されました故・仲谷秀一先生の熱い思いが，多くの読者の心を捉えたことの証だと感じます。

故・仲谷先生は，ホテル阪神の総支配人などを歴任された後，大学教員に転身され，次代の総支配人やホテリエ育成を目指して大阪学院大学ホスピタリティインダストリー研究所の創設に尽力されたり，単著『新 総支配人論』を執筆されたりしました。

本書や姉妹書の『ホテル・マーケティング・ブック』とともに，故・仲谷先生のご主張には，「グローバルスタンダードなホテル経営の手法を，いかに日本に適応させるか」というホテリエとしての視点が貫かれています。

また，『ホテル・ビジネス・ブック』の第1版の出版から約10年経った今，「ホスピタリティ」や「ホテル経営」といった言葉が当然のように使われる時代となりました。このことからも故・仲谷先生が，時代の流れを先取りして，本書の企画・執筆をされていたことがわかります。

このような故・仲谷先生が遺された『ホテル・ビジネス・ブック』をぜひ改訂して，今後もホテルビジネスの入門書として活用してほしいという願いで，今回の改訂作業を進めさせていただきました。

改訂にあたり，故・仲谷先生のご意思をできる限り尊重する方針で，大幅な内容改訂はせず，時代とともに変化した情報のアップデート及び加筆という形で取り組みました。今後も『ホテル・ビジネス・ブック』が多くの業界を志す方々のお役に立てますことを願ってやみません。

なお，本書『ホテル・ビジネス・ブック』は，故・仲谷秀一先生をはじめ，杉原淳子先生，森重喜三雄先生のご執筆やご協力によって第1版が刊行されました。

今回，諸事情により，故・仲谷先生のご遺族である仲谷令子様や杉原先生，森重先生のご了解を得て，テイラーと中村の２名が，第２版への改訂作業を担当することになりました。主として第１～３，８，11，12章をテイラーが，４～７，９，10章を中村が担当し，故・仲谷先生の執筆意図を大切にしつつ，これまでに頂戴した識者や学生の意見なども参考に，内容を最新のものにあらためるなどの修正を行っています。

第２版の刊行に快く同意していただいた関係者の皆様には心より厚く御礼を申し上げます。

また，この第２版への改訂にあたり，『ホテル・ビジネス・ブック』の第１版からの担当であり，今回も熱い思いで改訂作業を提案し，忍耐強く支援して下さいました中央経済社の納見伸之氏に心より感謝をし，お礼を申し上げます。

2016年４月１日

テイラー雅子，中 村 光 信

はしがき

2006年４月，大阪学院大学に，日本のホテル・旅館経営の次代を担う経営者やマネジャーの育成を目指すホスピタリティインダストリー研究所が設立されました。この記念すべき年に，本著を刊行することができることは望外の喜びです。と言いますのも，この本は，研究所が提供する「ホスピタリティ・マネジメント・プログラム」，すなわち大阪学院大学が独自に開発した日本型ホスピタリティ経営学のルーツとなる「ホテル事業論」のテキストとして書かれたからです。茲に，「ホスピタリティ・マネジメント・プログラム」およびホスピタリティ・インダストリー研究所設立に多大なご支援をいただきました，大阪学院大学白井善康総長と玲子夫人に執筆者を代表して，心より感謝申し上げます。

1999年秋，開講以来，「ホテル事業論」は，多くの卒業生を業界に送り出しました。彼らの進路は，単にホテル勤めにとどまることなく，ホテルウーマンから老舗旅館の女将，国際的ホテルIT企業のシステムエンジニア，ホスピタリティ専門誌の記者，ブライダル専門誌の企画営業，ブライダルコスチューム店長，旅行会社営業所長，レストラン起業志望など様々です。彼らに共通するのは，それぞれの分野におけるリーダーを目指していることであり，これらの若者に将来への展望と目標をもつ手助けをするために「ホテル事業論」は，設けられました。

今回の執筆にあたって，杉原淳子氏，森重喜三雄氏の二人に共同執筆者として参画いただけたことが，この本の成功に結びつく大きな要因であると確信しています。両氏には，ホスピタリティ産業やホスピタリティ教育に関し，私と同じ視点と熱意をもって執筆に当たっていただきました。本著のうち，主として２章，４章，12章を杉原氏，８章，11章を森重氏，残りの章を仲谷が担当しましたが，全章のコンテンツを３人の執筆者が，チームとして，構成，情報収集したことを申し添えます。

この本は，大学，短期大学，専門学校ホテルマネジメントコースにおける

「ホテルビジネス講義」に幅広くお使いいただきたいと思います。全12章を，全13回～15回，２単位の科目での使用を想定して構成しましたが，内容的に，全26回の４単位科目としての利用も可能です。また，大学でのテキストの他，広くホテルビジネス界の皆様の日常的な業務のお役にも立てればと願っております。ストーリー性のあるビジネス辞書的な本，それがこの本の狙いです。

最後になりましたが，構成の難しい本著を粘り強く支援し，数々の貴重なアドバイスをいただいた，中央経済社の納見伸之氏に，心より御礼申し上げます。

2006年９月１日

仲 谷 秀 一

目　次

世界のホテル・ビジネス

Section 1-1

Key words

フルサービス・ホテル，リミテッドサービス・ホテル，ホテルの「街」機能，スーパーラグジュアリー・ホテル，ラグジュアリー・ホテル，アップスケール・ホテル，料飲機能付ミッドプライス・ホテル，宿泊特化型ミッドプライス・ホテル，エコノミー・ホテル，バジェット・ホテル

ホテルの機能別・価格別分類

POINT

ホテルは，料飲を強化した多機能型か，宿泊に特化した単機能型かに大きく二分され，さらに，施設とサービスのグレードに応じた価格帯別に分類できる。これらの分類は，ホテルのポジショニング[1)]を示し，ポジショニングごとに利用者がよりイメージしやすいホテル・ブランド（1-4）が設定される。

機能別分類

フルサービス・ホテル（Full-service Hotel＝多機能型ホテル）

中級以上のホテルの多くは，都市立地，リゾート立地を問わず，料飲施設を充分に備えたフルサービス・ホテル，すなわち多機能型ホテルであることが多い。日本の場合は，さらに多機能面が進化し，大都市圏では，商業施設，文化・健康施設，医療・生活サービス施設など「街としての機能」を備えたホテルも珍しくない。これらは，世界的に類をみない日本型多機能型ホテルといえる。

リミテッドサービス・ホテル（Limited-service Hotel＝単機能型ホテル）

料飲施設を最低限に抑え，宿泊に特化したホテルは，中級以下の低価格帯に位置することが多い。しかしながら，近年，長期滞在型のホテルの中に，単機能でありながら，比較的高級なものも現れた。リミテッドサービスにおいても，宿泊客に対する朝食サービスは，自営・テナント等のカフェで供される。

価格別分類

世界のホテルは，価格帯によって，おおむね 5 段階に分類できるが，最近では，さらに細分化し， 6 段階に分類される。価格の違いは，建物スペック（Spec.＝仕様書），サービス機能のグレード（Grade＝階級）の違いで表現され，利用者にとって，理解しやすい基準となる。

ラグジュアリー・ホテル（Luxury Hotel＝高級価格帯ホテル）

価格に比例して設備・サービスともに最高級グレードとなる。24時間ルーム・サービス（**9-2**），コンシェルジュ（**8-3**），豊富なレストラン，会議室・宴会場など，利用者の様々な要望に応える設備・機能を備え，スタッフを充分に配置し，バトラー・サービス（**8-2**）などのきめ細かい高度な人的サービス他，あらゆる利用者のニーズに対応できる。ウェスティン，グランド ハイアット，JW マリオットなどがこのゾーン（Zone＝領域）に入るが，ラグジュアリーの内，上位に位置するスーパー・ラグジュアリー（Super-luxury＝超高級）に，ザ・リッツ・カールトン，フォーシーズンズなどを細分化して分類することもある。こうした，スーパー・ラグジュアリーでは，きめ細かい高度な人的サービスが求められるため，中級クラスのホテルの倍近い人員配置をすることも稀ではない。

アップスケール・ホテル（Up-scale Hotel＝上級価格帯ホテル）

ラグジュアリー・ホテルの高級感を維持しつつ，サービス機能や人員配置を効率化した多機能型ホテル。ヒルトン，シェラトン，マリオットなどがこれに含まれる。コンベンション・ホテルやエアポート・ホテル（**1-3**）の多くがこのカテゴリー（Category＝範疇，分類）に属する。

また，この価格帯での多様化が進み，料飲施設を最小限にとどめながら，客室の広さ，機能性，快適性，居住性を高めた上級単機能型のホテルも現れた。オールスィート・ホテル（All-suite Hotel），長期滞在型ホテル（Extended-stay Hotel）などがこれである（**1-3**）。

ミッドプライス・ホテル（Mid-price Hotel＝中間価格帯ホテル）

世界のホテル分類ではボリュームゾーン[2)]にあり，ビジネス客やファミリー層が幅広く利用する。ミッドプライス・ホテルには，料飲機能を充実した中間価格帯ホテル（Mid-price with F&B）と，宿泊特化型の中間価格帯ホテル（Mid-price without F&B）がある。前者には，コートヤード，ホリデイ・イン，クオリティインがあり，後者にはホリデイ・イン エクスプレス，などがある。世界的な傾向として，中間価格帯ホテルでの料飲部門のビジネスは低調であり，このカテゴリーの料飲強化型ホテルは減少し，宿泊特化型ホテルが増加している。

エコノミー・ホテル（Economy Hotel＝徳用価格帯ホテル）

手ごろな値段とシンプルなデザインの単機能型ホテル。コンフォートイン，ロードウェイ インなどがこれである。バジェット・ホテルとともに，このカテゴリーのブランドの日本参入も顕著になってきている。

バジェット・ホテル（Budget Hotel＝格安価格帯ホテル）

建築費と運営コストを極限までしぼりこんだ廉価の単機能型ホテル。北米に発達したモテル[3)]は，エコノミー，バジェットのカテゴリーに属し，スリープ イン，エコノロッジがこれに含まれる。

Section
1-2

Key words

『Mobile Travel Guide』, 『le guide Michelin』, 『AAA』,
機能・価格帯別分類と格付け評価

星数によるホテル分類

POINT

世界で一般的に用いられている5段階の星数分類は，ホテルが自主的に定めたポジショニングにもとづく機能・価格帯別の分類によるものと，これとは別に外部機関による品質評価による格付け分類がある。日本においては，この2つの分類が混同して理解されることが多い。

価格別の星数分類

世界的に，ホテルを価格別に星数で分類することは，一般化しているが，世界共通水準は存在しない。ホテル業界や旅行業界は，利用者のホテル選択を容易にし，販売を促進するため，自主的にホテルを価格帯別に5段階の星数で表現する。このような星分類は，次のような価格別カテゴリー分類におおむね対応している。

5星ホテル→　ラグジュアリー・ホテル（高級価格帯）
4星ホテル→　アップスケール・ホテル（上級価格帯）
3星ホテル→　ミッドプライス・ホテル（中間価格帯）
2星ホテル→　エコノミー・ホテル（徳用価格帯）
1星ホテル→　バジェット・ホテル（格安価格帯）

欧米の星分類

欧米では，ホテルの自主的な判断により機能・価格別に星分類がなされる。しかし，実際には，設定価格と実勢価格との格差ができ，RevPAR[4)]やADR[5)]，客室稼働率[6)]の高い4星ホテルの中には，利用者から5星と認識されるものもあり，そのようなホテルの中にはブランドを細分化し，新たに設定した上級ブランドに分類されるものもあらわれた。マリオットのJWマリオット，シェラトンのサブブランド[7)]であるシェラトン・グランデなどがこれである。

中国の星分類

中国では，日本以上に欧米型ホテル経営学の導入が進んでおり，中国の星分類もまた，欧米の基準に基づいて設定されている。中国の宿泊施設は5段階の星数で分類され，国家旅遊局が等級を認定している。

日本の星分類

たびたび公的なホテル分類が議論されるが，実現に至っていない。このことは，多くのホテルが，明治時代から続く迎賓館的な５星ホテルを至上としていることと無縁ではなく，一般社会はもとより，業界内においても品質評価，格付けと混同されていることも一因と思われる。

外部機関による格付け評価（Hotel Rating）

外部機関による，ホテルの品質評価に基づく格付けもまた星やダイヤモンドなどの数で表現される。外部評価は，覆面調査員のチェック・リストによる調査，任意抽出の利用者に対する聞き取り調査など様々であるが，客観性があり利用者のホテル選択上の判断材料として信頼をあつめている。米国の『モービル・トラベル・ガイド（Mobile Travel Guide)』[8)]や『AAA（American Automobile Association＝全米自動車協会)』[9)]，ヨーロッパの『ギィド・ミシェラン（le Guide Michelin)』[10)]のホテル評価が有名である。

米国『モービル・トラベル・ガイド』

1958年以来，６段階の星評価を行っている『モービル・トラベル・ガイド』は，評価方針として「格付けを正確なものにするためチェック・リストを使って得点評価を行うが，それがすべてではない」。星の決定要素は，ホテルを利用した後のゲストの心の中に残る「全体としての印象」が何よりも重視され，格付け調査員が，シーズン・曜日・時間帯に関わりなくサービスの質が一定しているかどうかを厳密にチェックする。

ヨーロッパ『ギィド・ミシュラン』

フランスのタイヤ会社が発行するミシュラン・ガイドでは，レストランの格付けが３つの星で行われるのに比して，ホテルは５段階のパビリオンによりその快適さが評価される。又，施設の外観，内装，レイアウト，サービスが特に優れている場合は赤いパビリオンマークがつく。近年では海外主要都市における格付けガイドが発行され，日本においても2008年に東京版ミシュランガイドが発行されたのを皮切りに横浜，鎌倉，大阪，京都などにも広がっている。

５つのパビリオン：豪華で最高級
４つのパビリオン：最上級の快適さ
３つのパビリオン：非常に快適
２つのパビリオン：快適
１つのパビリオン：適度な快適さ

Section
1-3

Key words

ダウンタウン・ホテル，アーバン・ホテル，クラブ・フロア，エアポート・ホテル，郊外・ハイウェイ沿いモテル，テーマパークとカジノ，リゾート・ホテル，スパ&リゾーツ，オールスィート・ホテル，長期滞在型ホテル，会員制タイムシェア・ホテル，コンベンション・ホテル

その他のホテル分類

POINT

基本的な機能・価格帯別ホテル分類の他，ホテルは，立地，利用形態・目的によっても分類できる。立地は，投資効率，地域の集客などに大きな影響をあたえ，利用形態・目的は，新たなビジネス活動やライフスタイルを反映したものとなる。

立地による分類

ダウンタウン・ホテル（Downtown Hotels＝都心型ホテル）

日本国内の，シティ・ホテル（**2-1**）。米国では，アーバン・ホテル（Urban Hotels＝都市型ホテル）ともいう。都心に位置し，投資コストが高い半面，集客力の高い立地にあり，大型，多機能型，高級価格帯のホテルが多い。5星に属するダウンタウン・ホテルでは，高層階にクラブ・フロア（又はエグゼキュティブ・フロア）をもつものが多い。いわば，ホテル内のファースト・クラスの客室というべきものである。

エアポート・ホテル（Airport Hotels＝空港周辺ホテル）

ダウンタウン・ホテルと同等の多様なサービス・機能を有するが，利用目的が飛行機乗り継ぎの短期間であるため，機能は簡略化される傾向にあり，4星クラスの価格の手ごろなものが多い。米国では，シェラトン，マリオット，ヒルトンなどのブランドが，このカテゴリーに多く見受けられる。

郊外・ハイウェイ沿いモテル（Suburban & Highway Motels）

1950年代米国の急激なモータリゼーション（Motorization）[11)]の浸透とともに，郊外，ハイウェイ沿いに，自動車旅行者対象に中小規模のエコノミーなモテルが登場。当初は独立したファミリー・ビジネスとしてスタートしたが，現在では，大手ホテル・チェーンに組み入れられるものが多くなった。

リゾート・ホテル（Resort Hotels）

リゾート地に位置するラグジュアリーな滞在型ホテル。自然環境立地のもの，テーマ・パーク（Theme Park）に併設したもの，カジノ（Casino）やその他レジャー施設を併設したものなど，多様なリゾート・ホテルがある。同じホテル・チェーン内で業態を区別するため，ダウンタウン・ホテルをHotelsと表現し，リゾート・ホテルをResortsと表現する。また温浴施設やエステを強化したものを特にスパ＆リゾーツ（Spas & Resorts）と呼ぶ場合もある。長期に休暇が取れる，比較的，富裕な階層をターゲットにしているため，4星，5星の高価格ホテルに属するものが多い。

利用形態・目的別分類

オールスィート・ホテル（All-suite Hotels）

すべての客室が，居間と寝室に分割されたスィート[12]で構成されたホテル。リゾートに，その例が多いが，近年は，大都市にも見受けられ，ダウンタウンのものはエグゼクティブ[13]やセレブ[14]に利用される。リゾート地や郊外に立地するものは，宿泊特化したものが多いが，都市に立地するものは，レストランや宴会場を，最低限，整備したものもある。

長期滞在型ホテル（Extended-stay Properties）

キッチンなどの生活機能を兼ね備えた賃貸アパート的なホテル。都市への長期ビジネス出張や，リゾート地での休暇滞在に利用される。このカテゴリーは，性格上，オール・スィートであることも稀ではない。

会員制タイムシェア・ホテル（Time-share Condominium）

タイムシェア（Time-share），すなわち複数のホテルを年間利用できる会員権を購入して利用するホテル。数週間単位の休暇滞在に適したものが多く，リゾート地に立地する。タイムシェアは，日本において，時間貸しと誤って理解される場合があり，注意が肝要である。

コンベンション・ホテル（Convention Hotels）

国内外のビジネス，学術，政治，文化などの諸団体が主催する大会すなわちコンベンション[15]に使用する大規模ホテル。4星や5星スタンダードクラスのホテルが多いが，大会主催者・代表者・主賓が使用する貴賓室の設置，大会やパーティに利用するコンベンション・ホール（Convention-hall）の併設が必須条件となる。コンベンション・ホテルは，コンベンション都市やリゾートを目指す地域に立地し，複数のホテルが連携して大会誘致をはかる。

Section
1-4

Key words

マリオット・インターナショナル，アコーホテルズ，
ヒルトン・ワールドワイド，
スターウッドホテル＆リゾートワールドワイド，
ハイアット ホテルズ，
チョイスホテルズインターナショナル

世界の主要ホテル・チェーンとブランド[16)]

POINT

世界的ホテル運営企業が展開するホテル・チェーンは，ターゲットを綿密にセグメント（Segment＝区分の細分化）し，戦略的に自ら選択したポジショニングに対応する複数のホテル・ブランドを提供している。チェーン加盟ホテルには，チェーン本部の所有直営，リース，MC，FC など様々な経営形態（4-3）がある。

マリオット・インターナショナル（米国） Marriott International, Inc.

http://www.marriott.co.jp（2016/ 1 / 3 現在）

米国をはじめ世界80ヵ国で約4,200のホテルを運営。1998年リッツ・カールトンを傘下におさめ，バジェットからラグジュアリーまで，多様な利用形態に対応できる文字通りフル・ラインナップのホテル・チェーンとなった。2015年マリオット・インターナショナルは，スターウッドホテル＆リゾートワールドワイドの買収を発表した。これによって300ブランド，約5,500ホテルを運営する世界最大ホテルグループが誕生する予定である。

● Marriott Hotels ● Renaissance Hotels ● JW Marriott ● Courtyard ● Marriott Executive Apartments ● Residence Inn ● Fairfield Inn & Suites ● TownPlace Suites ● SpringHill Suites ● Marriott Vacation Club ● The Ritz-Carlton ● BVLGARI ● Edition ● Autograph Collection Hotels ● AC Hotels by Marriott ● Gaylord Hotels ● Protea Hotels ● Moxy Hotels ● Delta Hotels & Resorts

ハイアット ホテルズ（米国） Hyatt Hotels Corporation

http://www.hyatt.com（2016/ 1 / 3 現在）

プリツカー家によるグローバルホテルチェーン。2004年に米国内チェーンと海外チェーンを統合して一つの会社とした。ラグジュアリーからミッドプライスまで近年次々に革新的なコンセプトを冠したハイアットブランドを展開している。ハイアットのメインブランドを冠したラグジュアリー，アップスケール，ミッドプライスの価格帯にサブブランドを展開。世界52ヵ国で627ホテルを運営している。

● Park Hyatt ● Grand Hyatt ● Hyatt Regency ● Andaz ● Hyatt Hotels ● Hyatt House ● Hyatt Place ● Hyatt Residence Club ● Hyatt Zilara/

Hyatt Ziva ● Hyatt Centric

チョイスホテルズインターナショナル（米国） Choice Hotels International

http://www.choicehotels.com（2016/1/3現在）

アップスケールからエコノミーまで中・低価格帯に強みをもつ。フランチャイズ方式で世界35ヵ国に，約6,300のホテルを運営している。

● Comfort Inn ● Comfort Suites ● Quality ● Sleep Inn ● Clarion ● MainStay Suites ● Econo Lodge ● Rodeway Inn ● Cambria Hotels & Suites ● Suburban ● Ascend Hotel Collection

スターウッドホテル＆リゾートワールドワイド（米国） Starwood Hotels & Resorts Worldwide, Inc.

http://www.starwoodhotels.com（2016/1/3現在）

世界100ヵ国で約1,200ホテルを運営。伝統ブランドのシェラトン，ウェスティンの他，1990年代後半には，ライフスタイルをコンセプトにデザイン感覚を強調したWホテルズや，ラグジュアリー・クラスのセントレジスやルメリディアンを傘下に加えて，ラグジュアリー，アップスケールを中心にブランドを展開してきたが，近年はスタイリッシュなミッドプライスブランドにも展開を広げている。

● Sheraton Hotels & Resorts ● Westin Hotels & Resorts ● Four Points by Sheraton ● St.Regis Hotels & Resorts ● W Hotels ● The Luxury Collection ● Le Meridien ● Aloft hotels ● element ● Design Hotels ● Tribute Portfolio

ヒルトン・ワールドワイド（米国）

http://www.hiltonworldwide.com（2016/1/3現在）

長年米国内に使用権を持つヒルトン・ホテルズ・コーポレーションと米国外に使用権を持つヒルトン・インターナショナルに分かれて運営されていたが，2009年統合され，97か国で約4,600以上のホテルを運営する。

● Conrad Hotels & Resorts ● DoubleTree by Hilton ● Embassy Suites by Hilton ● Hampton by Hilton ● Hilton Hotels & Resorts ● Hilton Garden Inn ● Hilton Grand Vacations ● Homewood Suites by Hilton ● Canopy by Hilton ● Curio ● Home2 Suites by Hilton ● Waldorf Astoria Hotels & Resorts

アコーホテルズ（フランス） Accor Hotels

http://www.accorhotels-group.com（2016/1/3現在）

米国的チェーン経営手法を取り入れながら，フランス的なサービスへのこだわりを残したユニークなホテル・チェーン。バジェットからラグジュアリーまで，全世界92ヶ国で，約3,800のホテルを運営。アコーホテルズは，2015年末にFRHIホールディングスの買収を発表した。買収が成立するとラッフルズ，フェアモント，スイスホテルの3ブランド・155軒のホテルが傘下に入ることになる。

● Sofitel ● Novotel ● Mercure ● Ibis ● Pullman Hotels & Resorts ● Mgallery ● Grand Mercure ● Suite Novotel ● Mama Shelter ● Ibis Styles ● Ibis Budget ● The Sebel ● Adagio/Adagio Access ● Thalassa Sea & Spa ● hotelF1

図表1-1　機能・価格帯別ホテル・ブランド・チャート

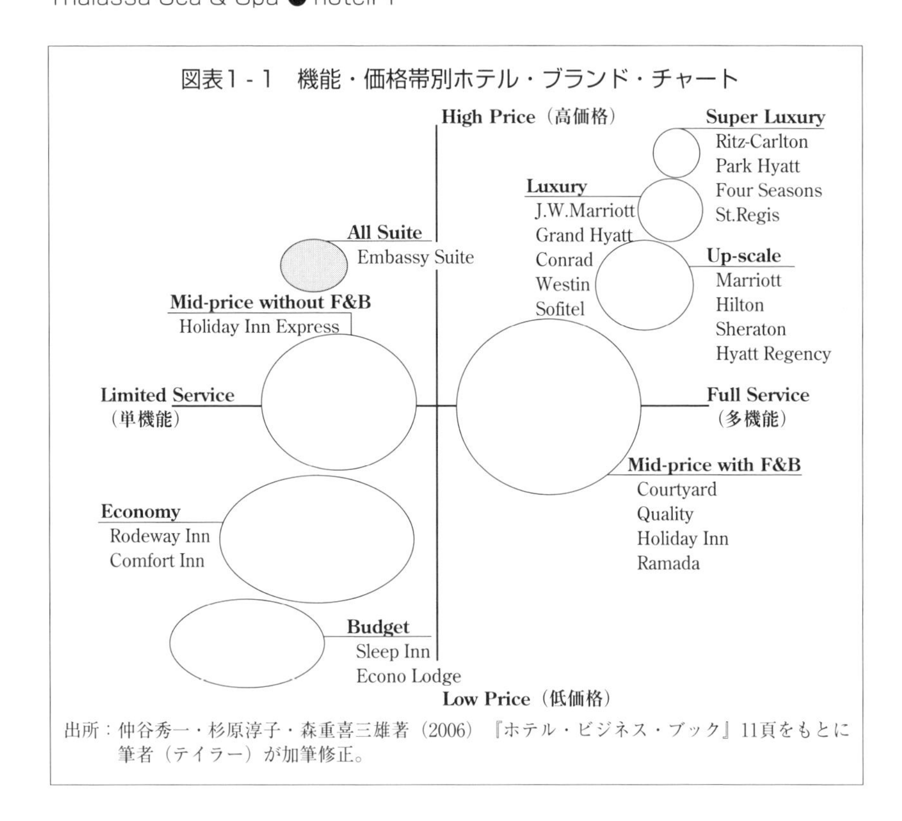

出所：仲谷秀一・杉原淳子・森重喜三雄著（2006）『ホテル・ビジネス・ブック』11頁をもとに筆者（テイラー）が加筆修正。

図表1-2　その他の海外ホテル・チェーンとブランド

Intercontinental Hotels Group（英国）　約4,700ホテル

http://www.ihg.com/hotels（2016/1/3現在）

● Intercontinental Hotels & Resorts ● Crown Plaza Hotels Resorts ● Hotel Indigo ● Holiday Inn ● Holiday Inn Express ● Staybridge Suites ● Candlewood Suites ● Holiday Inn Resort ● Holiday Inn Club Vacations ● Hualuxe Hotels & Resorts ● Even Hotels

Wyndham Hotel Group（米国）　約7,410ホテル

http://www.wyndhamworldwide.com（2016/1/3現在）

● Days Inn ● Howard Johnson ● Knights Inn ● Super 8 ● Travelodge ● Wingate by Wyndham ● Ramada Worldwide ● Dolce Hotels & Resorts ● Wyndham Grand Hotels & Resorts ● Wyndham Garden Hotels ● TRYP by Wyndham ● Hawthorn Suites by Wyndham ● Microtel by Wyndham ● Baymont Inn & Suites ● Wyndham Hotels & Resorts ● Club Wyndham ● WorldMark by Wyndham など

Four Seasons Hotels & Resorts（カナダ）　96ホテル

http://www.fourseasons.com（2016/1/3現在）

● Four Seasons Hotel

Aman Resorts（シンガポール）　30ホテル

http://www.amanresorts.com（2016/1/3現在）

● Aman

Shangri-la Hotels and Resorts（シンガポール）　90ホテル

http://www.shangri-la.com（2016/1/3現在）

● Traders Hotels ● Shangri-La Hotels ● Shangri-La Resorts ● Kerry Hotels ● Hotel Jen

Mandarin Oriental Hotel Group（香港）　29ホテル

http://www.mandarinoriental.com（2016/1/3現在）

● Mandarin Oriental Hotels

■注　記

1）ポジショニング（Positioning）→市場における製品（この場合はホテル）の位置づけ。
2）ボリュームゾーン（Volume-zone）→一番量的に大きい区分。
3）モテル（Motel）→ Motor-hotel の略。米国で発達した自動車旅行者用のホテル。
4）RevPAR（Revenue Per Available Room）→総客室（販売可能）1室当たりの金額。（**8-2**）
5）ADR（Average Daily Rate）→販売客室1室当たりの金額。（**8-2**）
6）客室稼働率（Room Occupancy Index）→総客室数（販売可能）に占める販売客数の比率。（**8-2**）
7）サブブランド（Sub-brand）→メイン・ブランドに対して，派生的に展開するブランド。ハイアットのパークハイアット，ホリデイ・インのホリデイ・イン エクスプレスなど。
8）モービル・トラベル・ガイド HP → http://www.mobiltravelguide.com/
9）AAA HP → http://www.aaa.com/
10）ギィド・ミシェラン HP → http://www.viamichelin.com/
11）モータリゼーション（Motorization）→自動車が社会に深く入り込むこと
12）スィート（Suite）→一揃いのという意味。居間，寝室に分かれた2間続きの部屋。スィート・ルームとする場合もあるが，英語的にはルームは必ずしも必要ではない。
13）エグゼクティブ（Executive）→企業や行政機関などのトップ
14）セレブ（Celebrity）→オーナー，アーティスト，デザイナー，俳優などの著名人。特にライフスタイルにこだわりを持つ富裕な層を指す。
15）コンベンション（Convention）→政治・宗教・教育団体などの大会
16）ここに表示したホテル・チェーン名は，企業名，チェーン総称，グループ通称などそれぞれに異なるが，表記は各社公式 HP にあわせた。国・地域名は，本社または本部所在地。ブランドは，グループ傘下のチェーン・ブランドまたは，個別ブランド。加盟ホテル数などのデータは，2016年1月3日現在。

Menu

日本のホテル・ビジネス

Section
2-1

Key words

シティ・ホテル，コミュニティ・ホテル，ビジネス・ホテル，リゾート・ホテル，旅館，アーバン・リゾート・ホテル

日本のホテル分類

POINT

機能・価格帯別分類をもとに利用者の利便性を考えた世界のホテル分類に比べ，国内のホテルは，一般社会，マスコミ，業界がそれぞれにイメージした社会通念上の分類がなされ，その概念はあいまいなものとなっている。一方，日本の伝統旅館は，国際的に高品質な和風ホテルとして評価されている。

シティ・ホテル

大都市に位置する大型の高級多機能型ホテル。宿泊，レストランのほか，一般宴会，婚礼宴会など宴会部門が充実し，ショッピング・アーケードや，文化教室，ヘルス・クラブなど「街」としての機能をもつものまであらわれた。しかしながら，シティ・ホテルの言葉自体，和製英語であり明確な統一概念があるわけではない。それゆえに，大都市近郊や，地方都市に見受けられる，中規模の多機能型ホテルもシティ・ホテルに含める場合もある。シティ・ホテルを，国際分類（**1-1**）にあてはめると，ラグジュアリー・ホテル（5星），アップスケール・ホテル（4星）を中心に，一部の料飲機能強化型ミッドプライス・ホテル（3星）となる。

コミュニティ・ホテル

地方都市に立地する中規模のシティ・ホテル的な多機能型ホテルを，コミュニティ・ホテルと呼ぶが，これも和製英語であり，世界のホテル分類にはない。宴会部門が充実し，コミュニティ（Community＝地域社会）の交流の場として，かつての料亭の代替機能を果たすことから，コミュニティ・ホテルと表現されることがあるものの，この呼称自体あまり一般的でないため，このタイプのホテルを，シティ・ホテルと称することも珍しくない。コミュニティ・ホテルは，アップスケール・ホテル（4星）ないしは料飲機能強化型ミッドプライス・ホテル（3星）に分類できる。

ビジネス・ホテル

ビジネス・ホテルも典型的な和製英語。ビジネス出張者向きの宿泊特化型ホテルをさす。国際分類では，宿泊特化型ミッドプライス・ホテル（3星）から，エコノミー・ホテル（2星），バジェット・ホテル（1星）と幅広い分布となる。

リゾート・ホテル

リゾート地の高級多機能型ホテル。海外とは異なり，国内のリゾート・ホテルは，宿泊客向きの料飲施設に加えて，地元マーケットを意識した宴会・婚礼施設を備えた，いわゆるコミュニティ・ホテルの要素を加えたものも多い。またリゾート・ホテルの中には，名称に「ホテル」を冠し，玄関・ロビー・フロント廻り，料飲施設が洋風，客室とサービス・スタイルが和風の鉄筋大型のホテル型旅館も少なくない。これらは，法律上はもとより，営業上もしくは社会通念上，旅館に分類される。国際分類では，リゾート・ホテルは，ラグジュアリー・ホテル（5星），アップ・スケール（4星）など比較的高級な価格ゾーンに位置する。

旅館

1970年代まで，大都会に数多く見られた商用旅館は，ビジネス・ホテルに役割を譲って大幅に減少した。一方，温泉地，リゾート地において，伝統的日本旅館の再生が顕著となった。ホテル型運営手法を採り入れつつ日本の伝統文化を残した老舗旅館が，幅広い年齢層のカップルや家族客，女性グループなどの個人客をはじめ，海外からの旅行客の支持をあつめ，地域振興の核として期待されている。こうした旅館の中には，世界的なシャトー・ホテル組織ルレー・エ・シャトーに加盟し，スモール＆ラグジュアリーをコンセプトとした和風ホテルとして，国際的に注目されるものもある[1)]。

アーバン・リゾート・ホテル

都市，又は都市周辺部に立地する滞在を目的とした多機能ホテル。都会にいながらリゾート気分を楽しむことができるようリラックスした空間づくりが特徴である。MICE（**10-2** 参照）の舞台ともなることが多いため，会議施設や宴会場が充実していることが多い。

Section

2-2

Key words　国民宿舎・国民休暇村，ユースホステル，民宿・ペンション・貸し別荘，ウィークリー・マンション，カプセル・イン，ファッション・ホテル，ゲストハウス

その他の宿泊事業

POINT

一般的なシティ・ホテル，リゾート・ホテル，ビジネス・ホテル，旅館の他にも，国内には，営業主体，形態，規模，目的の異なる様々な宿泊施設が存在する。

公共宿泊施設

公共（公営）宿泊施設とは，国や地方自治体が直接・間接に所有，経営，運営するもので，その形態には，ユースホステル（簡易宿所），国民宿舎（旅館），国民休暇村などがあり，旅館またはホテルの業態で運営される。料金は，１泊２食付き，6,000円前後～10,000円前後。また，近年では，グリーン・ツーリズムを楽しむための場を提供してくれる「体験の宿」がある。

ユースホステル（Youth Hostel）

ユースホステル（YH）は，ドイツで生まれた世界的な「旅の宿」ネットワーク。だれもが安全に楽しく，そして経済的に旅ができるようにと考えられたもので，現在，世界80ヵ国，4,000のYHがある。日本にも，約350のYHがあり，宿泊料金は１泊２食付きで3,000円～4,500円程度。部屋は男女別の相部屋が基本となるが，近年では，従来のYHの良さを残しつつ，家族，グループ対応した客室も提供している。

民宿・ペンション・貸し別荘

民宿

家族で経営している簡易な旅館（食事付き）。客室は10室未満（風呂，トイレが共同使用）で，平均１人7,350円。農業や漁業と兼業しているケースが多い。

ペンション

家族で経営している小規模ホテル（食事付き）。１泊２食付きで，平均１人8,500円。

貸し別荘

貸し別荘には，大別して，一戸建てとマンション形式があり，基本的に食事はついておらず，家族やグループ使用が多い。一戸建貸し別荘（コテージ）の場合，①木造りのログハウス，②複数の部屋があるロッジ，③電気や水道のあるキャビン，④室内設備のない山小屋（バンガロー），⑤トイレ，キッチンなど生活ができる設備のある小屋，コテージがある。

ウィークリー・マンション

国内では，１週間から１ヵ月単位の長期ビジネス出張に対応した賃貸マンション・アパートと位置づけられているが，業態的には，海外の長期滞在型ホテルに近似している。常設のフロント，部屋の清掃，タオル・シーツ等リネン類を貸与するものもありホテル業態に近い。通常，日常生活に必要な流し台，冷蔵庫，レンジなどの台所設備や，家具が整備されている。

カプセル・イン

カプセル・インは，日本のバジェット・ホテルといえる。バジェットとは，「経済的」という意味であり，極端な低料金のホテルをさす。本来，業務宿直用に開発されたカプセル型ベッドを営業用に転用したもの。１泊3,000円前後の廉価販売が特徴で，休憩室やサウナ・大浴場が完備している。

ファッション・ホテル

歴史的には，江戸時代の「出逢い茶屋」が始まりであり，大正から昭和にかけての「連れ込み旅館」へと進化した。現在では，ラブ・ホテル，ブティック・ホテル，プレジャー・ホテルとも呼ばれる。インテリア，アミューズメント，さらにエステ，マッサージ，露天風呂も兼ね備えるものもあらわれた。基本的に，時間貸し営業となる。

ゲストハウス

主に外国人観光客を対象とした，格安で安全・清潔な簡易宿泊施設。ゲストハウスと呼ばれるこれらの施設では，浴室，トイレ，キッチンは共同であることが一般的で，簡単な朝食が付いているところもある。

このような民泊サービスの普及を促進するために新たに「住宅宿泊事業法」[2)] という法律が裁定された。

Section
2-3

Key words

旅館業法，国際観光ホテル整備法，ホテルと旅館の違い，ホテル・旅館の料金体系

ホテルと旅館

POINT

国際的な視点でみると，わが国の旅館業態は，「和風のホテル」である。日本の伝統的生活文化を色濃く表現した旅館は，西洋文化から生れたホテルと，様々な面で相違点があるものの，基本的に「訪れる人を一夜の宿と食事で手厚くもてなす」ことでは何ら変わることはない。ホテルも，また「洋風旅館」である。

ホテル・旅館の関連法規と監督官庁

旅館業法（厚生労働省所管）

わが国において宿泊施設の多くは宿泊業と称され，公衆衛生上の見地から，また善良な風俗の維持を目的とした『旅館業法』（昭和23年制定，厚生労働省所管）にもとづき，都道府県知事の許認可を必要とする。平成29年12月に改正された『旅館業法』で示されている営業とは（1）旅館・ホテル営業（2）簡易宿所営業（3）下宿営業の3種類と定義されている。「旅館・ホテル営業」とは，施設を設け，宿泊料を受けて，人を宿泊させる営業で（2）（3）以外のもの。「簡易宿所営業」とは宿泊する場所を多人数で共用する構造及び設備を主とする施設を設け，宿泊料を受けて，人を宿泊させる営業で，（3）以外のもの。「下宿営業」とは，施設を設け，1カ月以上の期間を単位とする宿泊料を受けて，人を宿泊させるもの。そして「宿泊」とは，寝具を使用して各施設を利用することであるとしている。

国際観光ホテル整備法（国土交通省所管）

『旅館業法』で営業許可を取得したホテルや旅館が，いくつかの特典を享受する場合（登録旅館，税減額，固定資産耐用年数縮小の適用，長期低利融資斡旋），『国際観光ホテル整備法』（昭和24年制定平成23年6月改正，国土交通省所管）で定められた法律にもとづき，政府に登録する。元来『国際観光ホテル整備法』は，外国人旅行者が快適に滞在することができるようなホテル・旅館を整備する目的で制定された。（ホテル，旅館の構造および基準は図表2－1参照）

ホテル・旅館のデザイン，機能，サービス様式

デザイン

「ホテル」，「旅館」のデザインを建築中心のハードウエアーから眺めると，「ホテ

ル」は洋式で，「旅館」は和風建築に代表される和式である。近年は，「旅館」においても和風のベッド，和風フローリング，大正浪漫風照明[3)]などネオ・ジャパネスク風デザイン[4)]へのリモデリング（Re-modeling＝再生設計）の動きがみられ，日本のデザイン・ホテルともいうべき潮流を形作っている。

機能

「旅館」への「ホテル」機能導入が進んでいる。客室での空調，冷蔵庫，TV，電話，貴重品金庫などの機能は，ホテルと同レベルとなり，かつて，「旅館」の弱点といわれた客室施錠は，今や標準仕様となっている。運営面においても，フロントの設置，予約・会計業務などにIT（Information Technology＝情報技術）が導入され，今や機能面では，「旅館」，「ホテル」は同等といえる。

サービス様式

サービス様式は，「ホテル」の場合，フロント，レストラン，客室等，それぞれにサービス・スタッフが介在し，ゲストからの要望がない限り，基本的なサービスのみ提供する（プライバシー重視）。他方，「旅館」は宿泊する部屋付きのサービス・スタッフ（客室係，仲居）が，サービスの窓口となり，お客の個々の要望に応える（プライバシー半重視）。近年，布団を低めのベッドに代替し，ホテル式に近いサービスを提供する旅館が増えている。

料金体系

「ホテル」は，部屋料金のみの料金体系が基本であり，通常，食事は含まない。一方「旅館」は，1泊2食付き（朝食，夕食），大人1人分の料金が基本になっている。しかしながら，近年，「ホテル」でも1泊2食付きの1人料金が提示されている商品を出す場合もあり，「旅館」においても，宿泊機能と食事機能を分けて，宿泊のみや宿泊と朝食のみを提供するケースも多くなっている。

図表2-1　ホテルと旅館の対比

	ホテル	旅館
デザイン	洋風	和風
機能	ホテルスタイル	基本的にホテルスタイル
サービス様式	要望による受動サービス	部屋係りの個別サービス
料金体系	基本的に部屋料のみ	基本的に1人1泊2食料金

出所：大阪学院大学ホスピタリティインダストリー研究所。

図表2-2

国際観光ホテル整備法（抜粋）

（昭和二十四年十二月二十四日法律第二百七十九号）

最終改正：平成二三年六月二四日法律第七四号

第一章　総則

（定義）

第二条　この法律で「ホテル」とは，外客の宿泊に適するように，造られた施設であつて洋式の構造及び設備を主とするものをいう。

2　この法律で「ホテル業」とは，ホテルにより人を宿泊及び飲食させる営業をいう。

3　この法律で「旅館」とは，外客の宿泊に適するように造られた施設であつてホテル以外のものをいう。

4　この法律で「旅館業」とは，旅館により人を宿泊及び飲食させる営業をいう。

国際観光ホテル整備法施行規則（抜粋）

（平成五年三月十五日運輸省令第三号）

最終改正：平成二六年六月二〇日国土交通省令第五五号

（ホテルの基準）

第四条　法第六条第一項第一号イの国土交通省令で定める基準は，次のとおりとする。

一　次号に規定する要件を備えている客室（以下「ホテル基準客室」という。）の数が，十五室以上あり，かつ，客室総数の二分の一以上あること。

二　ホテル基準客室は，次に掲げる要件を備えていること。

イ　洋式の構造及び設備をもって造られていること。

ロ　床面積が，通常一人で使用する客室については九平方メートル以上，その他の客室については十三平方メートル以上あること。

ハ　適当な採光のできる開口部があること。

ニ　浴室又はシャワー室及び便所があること。

ホ　冷水及び温水を出すことのできる洗面設備があること。

ヘ　入口に施錠設備があること。

ト　電話があること。

2　法第六条第一項第一号ロの国土交通省令で定める基準は，次のとおりとする。

一　洋式の構造及び設備をもって造られているものがあること。

二　付近に入口から男女の区別がある共同用の便所があること。

三　前二号に掲げる基準を満たすものが，収容人員に相応した規模であること。

3　法第六条第一項第一号ハの国土交通省令で定める基準は，次のとおりとする。

一　客が安全に宿泊でき，かつ，環境が良好であること。

二　客室等の配置が適正であり，建物の意匠，使用材料，施工等が良好であること。

三　客その他の関係者が，営業時間中，自由に出入りすることができる玄関があること。

四　客の応接，宿泊者名簿の記入等の用に供されるフロントがあること。

五　冷房設備及び暖房設備があること。ただし，季節的に営業するため，又は当該地域が冷涼若しくは温暖であるため，その必要がないと認められるホテルについては，この限りでない。

六　客の利用に供する最下の階から数えて四番目以上の階を客の利用に供する場合は，客の利用に供する階の相互の間で利用できる乗用の昇降機があること。

七　次に掲げる標示すべき事項の区分に応じ，それぞれ次に定める場所に当該事項が外客に分かりやすく標示されていること。

イ　館内の主な施設及び設備の配置の標示　玄関，ロビー又はフロント

ロ　客室の室名又は室番号及び食堂その他客の共用に供する主な施設の標示　当該室等の外側

ハ　会計場所の標示　会計場所

ニ　避難設備，消火器等の配置図及び非常の際の避難経路の標示　客室

ホ　非常口への道順の標示　廊下，階段その他の通路

ヘ　避難設備，消火器等の標示及びこれらの設備の使用方法　当該設備の設置場所

八　客室に，非常の際に安全を確保する上で必要な事項を日本語及び外国語により記載した案内書が備え置かれていること。

九　客の宿泊に関し支払うことのある損害賠償のため保険契約を締結していること。

（旅館の基準）

第十七条　法第十八条第二項 において準用する法第六条第一項第一号 イの国土交通省令で定める基準は，次のとおりとする。

一　次号に規定する要件を備えている客室（以下「旅館基準客室」という。）の数が，十室以上あり，かつ，客室総数の三分の一以上あること。

二　旅館基準客室は，次に掲げる要件を備えていること。

イ　客室全体が，日本間として調和のとれたものであること。

ロ　畳敷きの室があり，当該室の床面積が，通常一人で使用する客室については七平方メートル以上，その他の客室については九・三平方メートル以上あること。

ハ　適当な採光のできる開口部があること。

ニ　冷房設備及び暖房設備があること。ただし，季節的に営業するため，又は当該地域が冷涼若しくは温暖であるため，その必要がないと認められる旅館については，この限りでない。

ホ　洗面設備があること。

ヘ　入口に施錠設備があること。

ト　電話があること。

三　浴室又はシャワー室及び便所の設備のある旅館基準客室の数が，二室以上あること。

四　冷水及び温水を出すことのできる洗面設備のある旅館基準客室の数が，四室（旅館基準客室の数が十五室を超えるときは，その超える客室の数の四分の一に四室を加えた数）以上あること。

Section
2-4

Key words

老舗専業系ホテル・チェーン，鉄道・航空系ホテル・チェーン，不動産開発系ホテル・チェーン，観光系ホテル・チェーン
外資ファンド系ホテル・チェーン，
ビジネス・コミュニティ系ホテル・チェーン，
その他専業系ホテル・チェーン，会員制ホテル・チェーン，
旅館再生

日本の主要ホテル・チェーン

POINT

専業系，異業種参入系など様々なホテル・チェーンの多くが，チェーンの再編による収益性の向上を目指して，ブランド力の強化，運営システムの再構築に取り組んでいる。外資系チェーンの勢いにラグジュアリー系チェーンが苦戦する中，低価格帯のビジネス・ホテル・チェーンの健闘が目立つ。

老舗専業系ホテル・チェーン

老舗ホテルは，単独のホテルとして創業し，その多くは1960年代の高度経済成長期にチェーン展開しはじめ，1980年代バブル経済期には海外にも出店した。これらのホテルは，チェーン化が比較的難しいラグジュアリー（５星）に位置づけられるものが多く，チェーン・オペレーション（Chain Operation＝チェーン運営）のシステム整備，幹部人材の育成が急務となっている。

●帝国ホテル　http://www.imperialhotel.co.jp
●オークラ ホテルズ ＆ リゾーツ　http://www.okura.com/jp
●ニューオータニホテルズ　http://www.newotani.co.jp
●リーガロイヤルホテルグループ　http://www.rihga.co.jp

その他専業系ホテル・チェーン

ホテル専業系チェーンのうち，高価格から低価格まで様々に展開するチェーンの場合，カテゴリーごとのチェーン・オペレーションへの取り組みが今後の課題となる。

●藤田観光株式会社　http://www.fujita-kanko.co.jp
●ワシントンホテル株式会社　http://www.washingtonhotel.co.jp

鉄道・航空系ホテル・チェーン

鉄道会社，航空会社は，都市と都市とを結ぶ陸・空の路線と拠点，すなわち点と線を押えるとことをビジネス上の重点戦略として，早くからホテル・チェーン作りに取り組んできた。バブル崩壊後，業績の悪化は避けられなかったものの，近年，外資系ホテル・チェーンのシステムを積極的に取り入れ，急速にチェーン・オペレーションの再構築を進めている。

● IHG・ANA・ホテルズグループ　http://www.anaihghotels.co.jp

●阪急阪神第一ホテルグループ　http://www.hankyu-hotel.com
●都ホテルズ＆リゾーツ　http://www.miyakohotels.ne.jp
●東急ホテルズ　http://www.tokyuhotels.co.jp
●JR ホテルグループ　http://www.jrhotelgroup.com
　●JR 北海道ホテルズ　http://www.jrhokkaido.co.jp/life/hotel
　●JR 東日本ホテルズ　http://www.jre-hotels.jp
　●アソシア ホテルズ＆リゾーツ　http://www.associa.com
　●JR 西日本ホテルズ　http://www.hotels.westjr.co.jp
　●JR 四国ホテルグループ　http://www.jr-shikoku.co.jp/hotel_g
　●JR 九州ホテルズ　http://www.jrk-hotels.co.jp

観光系ホテル・チェーン

観光系ホテルは，主要テーマパーク内や至近距離に立地し，テーマパークの一環として運営されている。パートナーホテルとして異なるブランドのホテルが集まる場合もあるが，次のようにテーマパーク運営会社が直接運営する場合もある。

●株式会社ミリアルリゾートホテルズ　www.milialresorthotels.co.jp
●ハウステンボス株式会社　http://www.huistenbosch.co.jp/hotels

外資ファンド系ホテル・チェーン

外資系証券会社，投資銀行などが組成する投資ファンドは，日本国内向けのホテル所有・運営会社を設立し積極的にホテル経営に乗り出した。その多くは隠れ外資系ホテル[5)]ともいうべき既存日本ブランドを踏襲するもの，MC（**4-1** & **4-3**），FC（**4-3**）による外資系ホテルブランドで運営するものなど，様々である。

●イシン・ホテルズ・グループ（ソロス・リアルエステート・パートナーズ / ウェストモント・ホスピタリティ・グループ）　http://www.ishinhotels.com
●ソラーレ ホテルズ アンド リゾーツ（米国ローンスター系）
　http://www.solarehotels.com

不動産開発系ホテル・チェーン

地域再開発・観光開発と連動して展開した不動産開発系企業のホテル・チェーンは，不動産価値の下落とともに運営益によるホテル経営へと，質的変化を目指そうとしている。

●プリンスホテルズ & リゾーツ（西武グループ）
　http://www.princehotels.co.jp

●ロイヤルパークホテルズアンドリゾーツ（三菱地所系）
http://www.royalparkhotels.co.jp
●三井ガーデンホテルズ（三井不動産系） http://www.gardenhotels.co.jp
●ダイワロイヤルホテルズ（ダイワハウスグループ）
http://www.daiwaresort.jp
●ダイワロイネットホテルズ （ダイワハウスグループ）
http://www.daiwaroynet.jp

ビジネス，コミュニティ系ホテル・チェーン

アップスケール（4星），ラグジュアリー（5星）のシティ・ホテル系チェーンの再編が難航する中，ミッドプライス（3星）以下に位置する，値ごろ感のある価格帯のホテル・チェーンが，運営システムの標準化や省力化による人件費抑制が比較的容易なことから，概して好調に拡大・成長している。

●東横ＩＮＮ http://www.toyoko-inn.com
●アパホテル http://www.apahotel.com
●ルートインホテルズ http://www.route-inn.co.jp
●スーパーホテル http://www.superhotel.co.jp
●ドーミーイン http://www.hotespa.net/dormyinn

会員制ホテル・チェーン

バブル崩壊とともに高額な会員制ホテルが苦戦を強いられる中，品質向上に取り組み，会員システム，運営システムの整備に取り組んだホテル運営企業が高い評価をうけている。

●リゾートトラスト http://www.resorttrust.co.jp
●ラフォーレホテルズ＆リゾーツ http://www.laforet.co.jp

リゾート・旅館再生チェーン

後継者問題などで旅館の閉館が続く中，旅館再生事業を通じて拡大するリゾート・旅館チェーンが注目を浴びている。一般的には，経営困難に陥った旅館を買い取りその運営手法を改善することにより再生させる。従業員を巻き込んだコンセプト作りやマーケット分析など従来の旅館業にはなかった手法を通じてチームワークを活性化させることにより旅館の運営力を向上させる。

●星野リゾート：http://www.hoshinoresort.com

■注　記

1）ルレー・エ・シャトー（RELAIS & CHATEAUX）→50年の歴史をもつ。世界50カ国に450以上の加盟店を数える高級なグルメ志向ホテルの共同体。レストランの加盟も認められている。日本でも，ホテル1，旅館6，レストラン8が加盟している（2016年1月現在）。

2）急速に増加する民泊について安全面，衛生面の確保がなされていないこと，騒音やゴミ出し等による近隣トラブルが社会問題となっていること，観光旅客の宿泊ニーズが多様化していることに対応するため一定のルールを定めた新たな法律。平成29年6月に成立。

3）大正浪漫風→大正時代（1912～1926年）にみられた和風と洋風が融合した生活様式から生れたレトロ感覚のデザイン。

4）ネオ・ジャパネスク風デザイン→日本の伝統デザインに現代性を取り込んだデザイン。

5）隠れ外資系ホテル→外資ファンドが買収した日系ホテルの中には，外資オーナーが既存の日本ブランドのまま，自らの運営子会社を通じて，外資系ホテル・スタイルで運営するものもあらわれた。既存ブランドを使用する背景には，既存ブランドの地域での認知度が高いこと，地方での海外ホテル・チェーンのブランド力や運営力が，MC，FCの高額な委託料に見合わないとのオーナー側の判断があると思われる。

Menu

時代を超える ホテル・ビジネスの特質

Section

3-1

グランド，コマーシャル・ホテルの時代，セザール・リッツ，エルスワース・M・スタットラー，コマーシャル・ホテルの時代，世界的ホテル・チェーンの時代，コンラッド・N・ヒルトン，デザイン・ホテルの時代

世界のホテル発展史

POINT

「ホテル」のルーツをたどると，中世ヨーロッパのキリスト教巡礼への宿・食事提供に源があるといわれる。「睡眠」「食事」「安全」を供することは1000年以上の時を超えて変わることはない。21世紀の今も，アクティブに活動するホテルには，時代の中で培われた文化と伝統が息づいている。時代とは，時を区切った期間ではなく，時の流れである。

ホテルの発祥（1700年代末期）

キリスト教巡礼の中世から，商業旅行が活発化する近世へ移り変わるヨーロッパにあって，「宿」も大型化，高機能化，高級化をとげる。大型高級宿としての「ホテル」が登場するのは，18世紀末のヨーロッパといわれており，“Hotel”すなわち大型の公共の建物の意味でこの言葉が用いられた。“Hotel”や“Hospital（病院）”の語源は共に，古代ローマの言語であるラテン語の“hospitalis（手厚いおもてなし＝形容詞）”に遡ることが出来，現在の“Hospitality（手厚いおもてなし＝名詞）“に受継がれ，ホテルや病院の理念として今も息づいている。

グランド・ホテルの時代（1850年代～）

「ホテル」と呼ばれた大型で高級な宿は，当初は値段も高く貴族や富裕な商人などを対象としていた。その豪華さから19世紀の迎賓館的なホテルを「偉大なホテル」すなわちグランド・ホテル（Grand Hotel）と呼ぶ。パリやベルリンをはじめとしたヨーロッパの大都市には，グランド・ホテルという名の伝統的なホテルが現存する。グランド・ホテルのコンセプトである，贅をつくした内装，貴族的な伝統と格式に裏打ちされたサービスは，セザール・リッツ（スイス1850～1918年）[1]のサボイ・ホテル（ロンドン1889年開業），オテル・リッツ（パリ1898年開業），カールトン・ホテル（ロンドン1899年開業）で絶頂期を迎えた。現在もグランド・ホテルのラグジュアリ―な魅力は，色あせることはなく，時代を超えてリッツ・カールトン，フォーシーズンズ，セントレジスなどの高級ホテル・ブランドに受け継がれている。

コマーシャル・ホテルの時代（1900年代～）

セザール・リッツのヨーロッパでの活躍の後，20世紀初頭の米国では，エルスワース・M・スタットラー（米国1863〜1928年）が，ホテル産業の変革に取り組んでいた。鉄道の発達とともに商業旅行の活発化したアメリカでは，ビジネスマンが気楽に利用できる，値ごろ感もあり機能的で快適なホテルが求められるようになった。コマーシャル・ホテル（Commercial Hotel）である。スタットラーは，ホテル建設，運営に関し事業収益性を重視し，当時としては画期的な科学的ホテル経営管理手法[2)]を編み出した。世界のホテル業界で今尚，採用され進化し続けているホテル版国際会計基準「ユニフォーム・システム」もまたスタットラーを中心に策定されている。

世界的ホテル・チェーンの時代（1950年代〜）

スタットラーのホテルは，複数のホテルに適用できる経営・運営の標準化を可能にし，チェーン展開を目指すものであった。スタットラーの死後，そのホテル・チェーンは，若きホテリエ，コンラッド・N・ヒルトン（米国1887〜1979年）[3)]に受け継がれ，世界の大都市を網羅するヒルトン・チェーンに発展する。ヒルトン以後，ハイアット，マリオット，シェラトンなど世界的ホテル・チェーンが次々と登場することになる。ホテル・チェーンは，発展段階で，グランド・ホテルをより意識したもの，コマーシャル・ホテルを極めたもの，経済性をより重視したモテルなど，様々なスタイルに進化をとげる。

デザイン・ホテルの時代（1980年代〜）

20世紀後半に芽生えた個性的なホテルづくりへの潮流は21世紀の幕開けとともに本格化する。イアン・シュレイガー，コンラン卿などが手がけたデザイン・ホテル（Design Hotel）が脚光をあび，ホテルWやデザイン・ホテルズなどがチェーン展開をはじめるとともに，ブルガリ，アルマーニなどの総合ファッション企業が，ホテル・ビジネスに参入しはじめた。これらの21世紀型ホテルが重視するのは「個」，目指すものは「ライフスタイル」の提案である。

Section
3-2

Key words 
ホスピタリティ産業，フード・サービス業，
ホスピタリティの精神と理念，ホスピタリティ産業の領域，
ホスピタリティ・マネジメント，コーネル・ホテル・スクール，
MBA と MMH

ホスピタリティ産業と ホスピタリティ・マネジメント

POINT

1970年代，米国において，ホテル業は，フード・サービス業を包括したホスピタリティ産業として，新たなスタートを切った。産業界に呼応して，大学教育機関は，次代のホスピタリティ産業を担う経営者育成を目的として，ホテル経営学としてのホスピタリティ・マネジメントを確立した。

ホスピタリティ産業の誕生

1970年代に入ると米国のホテル業界は，自らの業界をそれまでの“Hotel Industry（ホテル産業）”や“Lodging Industry（宿泊産業）”の概念から発展させ，“Hospitality Industry（ホスピタリティ産業）”と称するようになった。1972年の不動産関連の専門誌に“Hospitality Industry”の文字がみえ，1980年代中ごろにはコーネル大学ホテル経営学部発行の季刊誌『コーネル・ホスピタリティ・クォータリー（Cornell Hospitality Quarterly)』に，“Hospitality Industry”に関する記事があることから，この頃には，業界内のみならず，広くビジネス界，学術界にも認知されるようになったことがわかる。現在では世界的に，ホテル業は，フード・サービス業を包括したホスピタリティ産業として認識されている

産業理念としてのホスピタリティ

ホテル業界が，「ホスピタリティ」を自らの産業領域の呼称に選んだ背景には，中世キリスト教世界において，聖地を目指す巡礼を「暖かく迎え，手厚くもてなす」役割を担った教会や僧院の“Hospitality”の精神に立ち返るという意味が込められている。1000年余の年月を経て，ホスピタリティは，産業の新たな理念として復活した（**12-4**）。

ホスピタリティ産業の領域

ホテル業がホスピタリティ産業と呼称を変更したもう一つの理由は，同じ領域，同じ経営手法で成立するフード・サービス業[4)]（Food Service Industry）を産業域として包括したことである。欧米におけるホスピタリティ産業の領域とは，ホテル，フード・サービス，ホテルに派生・併設するクルージング[5)]，カジノ[6)]などをいい，近接する領域には，航空，旅行，観光などのトラベル＆ツーリズム産業（Travel & Tourism Industry）がある。

一方，わが国では，このような世界的な認識とはやや異なり，医療・福祉・教育をはじめ様々な人的サービスを要する領域を含む考え方もみられる。

海外の大学におけるホスピタリティ・マネジメント教育

ホスピタリティ産業として新たな歩みをはじめたホテル・フードサービス業界に対応して，大学教育機関においても，次代の産業を支える人材育成のため，ホテル経営に関する体系的研究と教育が求められるようになった。ホテル経営者を輩出することで世界的に知られる米国のコーネル・ホテル・スクール（Cornell Hotel School＝コーネル大学ホテル経営学部）では，1980年代に入ると，従来のホテル運営中心のカリキュラムを一歩進め，経営学に焦点をあてるようになった。1980年代後半までには，それまでの職業学校的要素を払拭して，ホテル経営学としてのホスピタリティ・マネジメント（Hospitality Management）を確立した。現在では，MBA（Master of Business Administration＝経営学修士）に対応するMMH（Master of Management for Hospitality＝ホテル経営学修士）やPh.D（博士）課程も設けられている他，ホテル幹部，総支配人，経営者などレベルに応じた短期講座も開講，全世界のホテル業界に貢献している。

日本の大学におけるホスピタリティ・マネジメント教育

160もの大学でホスピタリティ・マネジメントを教える米国をはじめ，ヨーロッパ，アジア・パシフィックには，多くのホテル経営学系大学が存在する。一方日本では，ここ10年間で観光・ホスピタリティ関係学部・学科設置数が増加し，全国42大学46学科・コース（2012年４月観光庁データ）となっている。さらに，一般的な観光学からホスピタリティ・マネジメントへの興味が高まってきている。これは観光庁が人材育成目標の最重要条件として「観光ホスピタリティマネジメント」を掲げていることにも影響されていると言えよう。ただし，これら観光・ホスピタリティ学部・学科卒業生の観光ホスピタリティ関連業界への就職率は低迷している（平成24年16.1％）。観光ホスピタリティ企業が求める人材資質は，「ホスピタリティ」や「おもてなし」であり，「マネジメント」や「経営」偏重のプログラムを提供する大学とのミスマッチがあると考えられる。今後はミスマッチを解消すると共に，業界の意識改革も大きな課題となる[7)]。

Section
3-3

Key words

国策的迎賓館の時代，鹿鳴館と帝国ホテル，
国家的イベントの時代，東京オリンピックと大阪万国博覧会，
コミュニティ・プラザの時代，バブル拡大の時代

日本のホテル発展史１
「ホテル誕生と発展」

POINT

自然発生的に誕生し，マーケットのニーズに従って発展・進化する世界のホテル業界に対し，日本のホテルは，その誕生から現在に至るまで，政治的意図や経済情勢など外的な影響を多く受けている。しかし，ホテルは，その発展段階で日本社会に深く浸透し，地域マーケットに支えられて，料飲施設，商業・文化・生活サービス施設などを充実させ，世界に類をみない独自の発展をとげた。

国策的迎賓館の時代

日本初の本格的シティ・ホテルは，明治政府が鹿鳴館（東京1883年開業）とともに，外国賓客接遇を通して国威を諸外国に示すために建設した帝国ホテル（東京1890年開業）であった。一方，リゾート・ホテルにおいては，外国人賓客が余暇を楽しむ場として，箱根のリゾート開発の核機能として富士屋ホテル（神奈川1878年創業）が，また名勝日光に金谷ホテル（栃木1873年創業）などがリゾート地の迎賓館的ホテルとして誕生した。

帝国ホテルや鹿鳴館のもつ，伝統と格式に裏打ちされた迎賓館的性格は，その後，迎賓館を地方にもとの国の意図と地元の要請のもとに開業した新大阪ホテル（1935年開業・後ロイヤルホテル・現リーガロイヤルホテル），名古屋観光ホテル（1936年開業）などに引き継がれ，今なお多くの日本のホテルに影響を与えている。事実，新大阪ホテル開業にあたって，当時，帝国ホテルの社長であった犬丸徹三氏が，様々なアドヴァイスを行い，総支配人以下，数十名の開業スタッフを送り込んだという逸話も残っている。

国家的イベントの時代

1960年代，高度経済成長の絶頂期にあった日本を象徴する国家的大イベントを機に，多くのホテルが開業した。東京オリンピック開催（1964年）を前に開業したホテルオークラ（1962年開業），ホテルニューオータニ（1964年開業），日本初の外資系ホテルである東京ヒルトンホテル（1963年開業・現ザ・キャピトル東急ホテル）である。東京オリンピックを機に，新幹線，空港，高速道路の整備が進み，大阪万国博覧会（1970年）を前にした1969年，大阪でもホテルプラザ（1999年閉館），東洋ホテル（2006年ラマダホテル大阪にリブランド後2013年閉館）など多くの大型シティ・ホテルが開業した。

コミュニティ・プラザの時代

1970年代後半から1980年代にかけて，大型のシティ・ホテルは，一般宴会，ブライダル，レストラン，ショッピング・文化・健康・生活サービス施設などを拡充し，多様化，多機能化を重ね，コミュニティ・プラザとして地域交流の場としての役割を担うようになった。こうして，大都市のシティ・ホテルは，世界にも類を見ない「街の中の街」ともいうべき機能を有するようになった。京王プラザホテル（1971年開業），ホテルパシフィック東京（1971年開業，2010年閉館）や，ロイヤルホテルの新館増築（1973年・現リーガロイヤルホテル）などである。

以後，街づくりの流れはさらに強まり，帝国ホテルのインペリアルタワー増築（1983年），ホテルニューオータニのガーデンコート・タワー増築（1991年・業務用貸ビル専用）など商業ビル併設へと進んでいくものもあらわれた。このような動きは，日本全国に広がり，この頃，地方に数多く建設された中小規模のシティ・ホテルであるコミュニティ・ホテルの多くもまた，多機能化を目指した。

バブル拡大の時代

1980年代には，航空・鉄道系ホテルは，旅行者の線（交通）と点（都市）を確保するためにチェーン展開を積極的にすすめた。同時期，金融・不動産バブルに後押しされ，新たにゼネコン・銀行・流通などの異業種や３セク[8)]がホテルに参入し，既存ホテル会社の拡大路線と競って新規ホテル開業を目指した。この時期のホテルは，東京ディズニーランド（1983年開業）の好影響を受けるものもあったが，次第に，宿泊・一般宴会・ブライダル部門でホテル間競争が激しくなっていく。やがてホテルの右肩あがりの業績も1990年代初頭バブル崩壊で終焉をむかえるが，バブル期に計画されたホテルの多くは，中断されることなくその後も次々と開業，その中には，10年をまたず売却・営業譲渡されたものも少なくない。

Section
3-4

外資系ホテルと日系ホテル，SPC 証券化，
日系ホテル・チェーンの再編，
日系老舗ホテルの外資系ホテル対策，M&A とリブランド，
隠れ外資系ホテル，新規外資系ホテルの開業

日本のホテル発展史 2 「外資系ホテルの進出と業界再編」

POINT

バブル崩壊以後，業界再編への動きが急ピッチで進んでいる。この時期のメイン・プレイヤーは外資系投資会社と世界的ホテル運営企業であろう。一方，バブル崩壊から立ち直りをみせる日系ホテル運営企業にも，チェーン・オペレーションを強化する新たな動きが見られようになった。

バブル崩壊後のホテル業界

外資系ホテルの躍進

1990年代初頭のバブル崩壊以降，急激に業績が悪化した日系ホテルに代わり，1990年代半ばには，パークハイアット東京（1994年開業），ウェスティンホテル東京（1994年開業），フォーシーズンズホテル椿山荘東京（1992年開業，2012年契約終了「ホテル椿山荘東京」にリブランド）の新御三家やザ・リッツ・カールトン大阪（1996年開業）などの外資系ホテルが相次いで開業，順調に業績を伸ばした。これらの外資系ホテルは，当初，世界的ホテル運営企業とホテルの土地・建物を所有する日系企業との管理運営委託契約（MC＝Management Contract）により運営された（**4-3**）。外資系ホテル躍進の背景には，世界的なブランド力とマーケティング力，運営のプロとして派遣された総支配人，科学的に構築された運営システムがある。一方，ハイアットリージェンシー京都（2006年開業）やザ・リッツ・カールトン京都（2014年開業）などでは日本の伝統美の要素を採り入れた和洋折衷の色合いを強く打ち出し，外資系ホテルへの日本の影響が見られる。

日系ホテル業界の動向

外資系ホテル躍進の一方で，日系ホテルの廃業・倒産・売却が続いた。この時期，大手ホテルでも，不況による収益力低下や，急激なチェーン展開による過剰投資で発生した不良債務を解消すべく，SPC 方式[9)]による証券化や，チェーン・ホテル売却の動きがみられた。海外のホテルも次々に売却撤退し，日本企業の傘下にあったインターコンチネンタル，ウェスティンなどの国際的ホテル・ブランドも海外資本に売却された。一方，シティ・ホテルが苦戦する中，価格が手ごろなビジネス・ホテルがチェーン化を進め，順調に業績を伸ばしはじめた。スーパーホテル，東横イン，アパホテル，ドーミーインなどである。中には大浴場を完備するなど日本ならではの設備投資を行い成功している例もある。

2000年代，ホテルの再編

ホテル・チェーンの再編

国内ホテル・チェーンでは，非採算ホテルの合理化をはかるとともに，所有会社と運営会社を分離することにより運営部門を強化し，国際ホテル・チェーンの運営システムを採り入れた新たなチェーン・オペレーションに取り組むところも現れた。

M＆Aとリブランド

外資系投資会社によるホテルM＆A（Merger & Acquisitions＝合併・買収）が盛んに行われるようになり（**4-1**），外国資本による所有，世界的ホテル運営企業の運営によるリブランド（Rebrand＝ブランド変更）が進んだ。一方国内ホテル企業でも所有を継続したまま，海外ブランドへのリブランドを進めるものも現れた（**4-2**）。しかしながら宿泊マーケットが比較的安定した首都圏を除き，地方都市では，海外ブランドへの安易なリブランドの効果は低く，ブランド契約料も高額になることから，外資による買収後，投資会社が自らホテル運営会社を設立して，従来のブランドで営業を継続する「隠れ外資系ホテル」[10)]も多くなった。

新たな外資系ホテルの進出

2000年代に入り，新規外資系ホテル・ブランドの出店が相次いでいる。今回の外資系出店の特徴は，日本初上陸のブランドが多く含まれていること，MC方式ではなくリース方式であること，東京に集中していることである。新規ブランド進出の背景には，1990年代日本進出を果たし成功を収めた先行ブランドへ追随する意欲が高まったことがあげられる。しかしながら，先行外資系ホテルの運営上の成功がホテル・チェーン側に安定したマネジメント・フィ（**4-3**）をもたらしたにもかかわらず，日本側オーナーは，高額なホテル投資の回収に悩んだこともあり，後発ブランドとオーナー間の契約締結に際し，オーナーは，MC方式を避け，安定した賃料を確保できる，リース契約を求めるようになった。さらに，東京オリンピックに向けた観光業への期待や円安の景況を受けて訪日外国人数が順調に増加する中，2010年以降には，首都圏以外にも外資系ラグジュアリーブランドのホテル開業ラッシュが始まった。大阪では，セントレジス（2010年開業）やインターコンチネンタルホテル大阪（2013年）など，複合ビルの一環として各チェーンのラグジュアリーブランドが開業し，京都ではザ・リッツ・カールトン京都（2014年開業），フォーシーズンズホテル京都（2016年開業予定）などがある。

Section
3-5

Key words

ファッション・ステージ，スタッフのファッションセンス，
ホテルのファッション特化

ホテルと高感度ファッション（衣・食・住・余暇）

POINT

衣・食・住・余暇におけるライフスタイルの提案がファッションであるとすれば，ホテルはファッション・ビジネスであると言える。様々なライフスタイルの提案を通じてホテルはそれぞれ独自のブランドを確立している。

ホテルとファッション

ホテル産業は感性豊かな生活価値を創造するファッション産業に近いものがある。身に付けて楽しむのがファッションなら，ホテルは，ファッションを楽しむ舞台（ステージ）を提案している。ファションとは服飾にとどまらず，時代の感覚を表現する生活文化そのものであり，ホテルは，衣・食・住・余暇の中のファッションをライフスタイルとして体験できるステージを提供している。ところが多くの日本のホテルは，ゲストを緞帳の降りた劇場の観客席に座らせているようだ。いくら贅を尽くした豪華な緞帳であっても，舞台上に魅力的なドラマがなければ感動を呼ぶことはない。ゲストをホテルという舞台に引き込み，ゲスト自らがドラマの主人公になれるよう演出しなくてはならない[11]。

ファッション産業では，「衣」「食」「住」「余暇」を通じて高感度ライフスタイルを提案する。同様にホテルでは，個人生活に感性の高いファッションとしての洗練された「食」や快適な「住」環境を提供すると共に，「衣」を楽しむファッション・ステージを創造し，思い出深い時間と空間を演出する役割を持っている。このような独自の感性に基づいた価値提案がホテルのコンセプトとして競合他社との差別化を可能にする。

ファッションに通じる感性を重視したホテルは，技術革新により競合他社とのサービスによる差別化が難しくなってきた1980年代から出現し始めた。これらは，ブランディング戦略の一環として貴族文化や民族文化の香りのするデザイン重視のホテルである。さらに，1990年代以降には近代的な感覚をホテルに投影した，いわゆるデザイン・ホテルがチェーン展開されるようになった（**3-6** 参照）。

ホテル・スタッフに求められるファッションセンス

ホテル運営の責任者である総支配人はソフト（サービス）とハード（内装，設備）に対するデザイン力のスキルを磨く必要があり，そこで働くスタッフもターゲット顧客のライフスタイルやニーズをくみ取り対応できる高い感性とファッションセンスが求められる。

ホテルのファッション特化

世界の大規模ホテルチェーンが拡大から質的変化を求めていった1980年代，個人のライフスタイルを意識したモダンアート感覚の個性的なホテルが登場した。こうしたホテルは，著名デザイナーを起用しデザインを重視することからデザイン・ホテルと呼ばれた。

ホテルに参入するファッション・ビジネス

また，ブルガリ，アルマーニ，ヴェルサーチ，フェラガモ等世界的ファッション企業のホテル参入の動きには，ファッションを単に服飾だけにとどめず，生活のあらゆるシーンに自社のファッション・ブランドのコンセプトを盛り込んで，トータルなライフスタイルを商品として提案しようとする企業戦略がある。それぞれがターゲットとする顧客の価値観，ライフスタイルを考慮し，独創的で現代的なスタイルを表現するホテル事業に参入している。これらの世界的ファッション企業は，衣服，アクセサリー，バッグなど顧客が身につけるファッション商品の提供にとどまらず，顧客に対して，自社の商品を楽しめる生活シーンとライフスタイルを提案する総合ファッション企業としてホテル・ビジネスに参入したと考えられる。

ホテルの新潮流

時代と共にホテルが単に豪華であればいい時代は過ぎ去り，感性豊かなスタイリッシュなデザインでありながらも機能的な設備やストレスを感じさせない空間づくりが求められている。日本では木のぬくもりや和紙の温かさ，数寄屋の繊細さなど「和」テイストのライフスタイルの提案が都会のラグジュアリーホテルやリゾートホテルで取り入れられてきている。例えば2015年に開業したアマン東京では行燈を模した照明や石庭などがロビーに配置され，吹き抜け部分の照明は和紙を貼ったガラススクリーンを使用するなど日本の伝統美を意識したデザインが施されている。またインターコンチネンタル大阪やリッツカールトン京都ではコンテンポラリー・ラグジュアリーをテーマに木や和紙等天然素材を多数使用して，日本やアジアの感性に訴えかけている。さらに，大手ホテルブランド以外に，単体ホテルや旅館もデザイン・ホテルとしてのコンセプトを打ち出すことが多くなってきた。例えば，旅行口コミサイトトリップ・アドバイザーで外国人に人気の宿泊先ランキングで常に上位に入る京都市内小規模旅館ムメでは花蝶風月をコンセプトにしたデザイン・ホテルとして売り出して人気を集めている (http://www.hotelmume.jp/)。

Section
3-6 デザイン・ホテル

Key words デザイン・ホテル，デザイン・ホテルのチェーン展開，Wホテルズ，ハイアット，アマンリゾーツ，リッツ・カールトン

POINT

ファッション性，アート感覚に優れたデザイン・ホテルは，本来独立した単体ホテルとして生れた。しかし，デザイン・ホテルの中には，ターゲットである顧客のライフスタイルに応じたデザイン・コンセプトで統一されたチェーン・ホテルを展開するものも現れた。

デザイン・ホテル（Design Hotel）

デザイン・ホテルとは，利用者のライフスタイルに照準を合わせ，デザイナーが自らのアート感覚を最大限に表現したホテルであり，日本ではデザイナーズ・ホテルとも呼ばれる。ホテルをOnly Oneのアート空間に変えるプロデューサーと，デザイナーのコラボレーション（Collaboration＝共同作業）により，デザイン・ホテルは生れた。

1984年，イアン・シュレーガーにより最初のデザイン・ホテルともいうべきモルガンズがニューヨークにオープンした。イアン・シュレーガーから10年，デザイン・ホテルの中には，独立した単体ホテルをチェーン化し，新たな歩みをはじめるものも現れた。1993年ヨーロッパに登場したデザイン・ホテルズ（Design Hotels），1998年スターウッドのニューブランドとして登場したWホテルズ（**1-4**）などである。

Wホテルズ

1998年，当時スターウッドCEOであった若干38歳のバリー・スターンリヒトは，ニューヨークの49丁目＆レキシントンアベニューに，Wホテル第1号店であるWニューヨークをオープンした。スターンリヒトは，デザインやライフスタイルにこだわりをもつ若い年代のビジネス客をターゲットとして，デザイン・ホテルの潮流を一般化させ，巨大なマーケットを作り上げた。Wは，従来のデザイン・ホテル系ホテルにありがちな，デザイン先行，居心地は二の次という考え方を変え，インテリア，家具，備品からステーショナリーのメモパッドに至るまでセンスのあるものを揃えるとともに，寝心地の良いベッド，着心地の良いバスローブ，実際に仕事しやすい機能的なデスクとIT環境を整備，機能性，居住性，芸術性を高めた。Wとは，Warm（温かい），Wonderful（素晴らしい），Witty（機知に富んだ），Wired（興奮した），Welcome（歓迎）を意味する[12)]。

ハイアット

ハイアットは，オーナーが，建築家のノーベル賞といわれるプリツカー賞の創設者であるプリツカー・ファミリーであるだけに，デザインにはこだわりが深く，ホテル建築における斬新な試みが多い。ハイアットは，海外での展開の中で，その土地のデザイン・モチーフや色遣いなど，ローカル色をうまく取り入れながらも，洗練されたデザインのインテリアに仕上げることに成功した。こうしたローカル・テイストのエッセンスを取り入れるデザイン手法は，後のアマンリゾーツにも色濃く表現されている[13]。

アマンリゾーツ

アマンリゾーツを創設したのは，エイドリアン・ゼッカーという元ジャーナリストの実業家。1987年にタイのプーケットに，１号店アマンプリをオープン。ついで89年にバリ島にアマンダリを開業，現在世界各地に高品質の17のリゾート・ホテルを展開する。アジアの民俗文化を巧みに取り入れた独自のデザインで，ヨーロッパ，アメリカの芸術家，音楽家，ジャーナリスト，映画スターなどセレブの心をしっかり掴んでいる。

リッツ・カールトン

1983年，アトランタの不動産投資家Ｗ・Ｂ・ジョンソンが，ザ・リッツ・カールトン・ボストン（米国ボストン1927年開業）を買収（名称使用権も獲得）して，再生への道筋をたどっている「ザ・リッツ・カールトン」ブランドは，ヨーロッパの伝統文化を現在に，たくみに蘇らせている。建築デザインは，アメリカ人をはじめ全世界の人々が，古きよきヨーロッパをイメージできる18世紀の貴族の邸宅を模したものとなっている（1998年からマリオット傘下）。

日本のデザイン・ホテル

日本においてデザイン・ホテルの先駆け的存在は，有名建築家が手掛けたホテルで，六本木プリンスホテル（黒川紀章，1984年開業），鎌倉プリンスホテル（清家清，1995年開業），など数多い[14]。しかし，日本の場合，著名デザイナーのデザインであることが強調され，ライフスタイルの提案とはいえない。むしろ，日本人の伝統的な生活文化を活かしながらリモデリングに取り組む日本旅館の中にこそ「デザイン・ホテル」の潮流が感じられる。

■注　記

1）セザール・リッツ（Cesar Ritz）→スイス人（1850～1918）。パリ，ロンドンで活躍したホテル経営者。よきパートナーであった名料理長オーギュスト・エスコフィエ（Auguste Escoffier, 1846～1935）とともに数々のグランド・ホテルを開業した。米国のリッツ・カールトン・ホテルも，セザール・リッツが手がけた。

2）科学的ホテル経営管理手法→ホテル建設仕様，サービス基準，会計システムなどの効率的な標準化をはかることにより，コストを最小化しつつ収益の最大化を目指す手法。ホテル建設では，意匠・構造・設備設計を標準化することにより，トータルな建築コストを抑制して，多店舗化を促進した。

3）コンラッド・N・ヒルトン（Conrad N. Hilton）→アメリカ人（1887～1979）。ヒルトン・チェーンの創始者（**3-1**）として，MC方式を確立した。ヒルトンのラグジュアリー・ブランド「コンラッド・ホテルズ」に名前を残す。

4）フード・サービス（Food Service）業→日本でいう外食業。レストラン，カフェテリア，ファスト・フード，ホテル内レストランの他，企業・病院・養護施設・学校などの食堂・給食，飛行機の機内食，テイクアウト・ショップなど幅広い。

5）クルージング（Cruising）→客船などで巡航すること。客船は，海に浮かぶホテルと表現される。

6）カジノ（Casino）→ショーや音楽のあるギャンブル場。欧米では，高級リゾート・ホテルに併設されるものが多い。

7）観光庁ウェブサイト http://www.mlit.go.jp

8）３セク→第３セクターの略。公的企業，民間企業をそれぞれ第１，第２セクターと呼ぶのに対して，国，地方自治体，民間企業等が共同で出資する事業体を第３セクターと呼ぶ。

9）SPC（Special Purpose Company）方式→金融機関や企業などが，保有資産に裏づけられた有価証券の発行によって資金調達を行おうとする際に，対象資産の譲り受けと，証券発行をともに行うことを目的として設立される法人のこと。[株式会社自由国民社 現代用語の基礎知識2000年版]。

10）隠れ外資系ホテル→外資ファンドが買収し，外資系ホテル型の経営・運営手法をとりながら，旧来の国産ブランドのまま営業を継続するホテルを，筆者の一人である仲谷秀一が名づけた。

11）仲谷秀一著『新総支配人論』嵯峨野書院，2004年。

12）森拓之著『「東京ホテル戦争」を制するホテルブランドはどこか？』インデックス・コミュニケーションズ，2004年，38頁。

13）森拓之著　前掲書，48-50頁。

14）カーサ ブルータス特別編集『DESIGN HOTEL 100』マガジンハウス，2003年，104頁。

Chapter 4 ホテルの経営形態

Section
4-1

所有・経営・運営，オーナーとオペレーター，Win-Win の構造，M&A，デュー・デリジェンス，収益還元法，REIT，投資法人

ホテルにおける所有・経営・運営

POINT

ホテル・ビジネスには 3 つの側面がある，所有・経営・運営である。ホテルの所有とは，不動産事業であり，ホテルにおける運営とは，サービス事業としての側面である。所有もしくは運営は，ビジネスの主体となって自ら経営する。

所有・経営・運営の分離

ホテル・ビジネスは，不動産業であると同時に，サービス業であるという異なったビジネスの複合体である。そのことから，ホテル・ビジネスにおいては，「所有」「経営」「運営」の概念が生れた。すなわち土地・建物を「所有」するオーナー企業，オーナーの代理，またはオーナーから土地・建物を賃借して「経営」にあたる事業会社，「経営」の一員として，または契約によりホテルの事業執行にあたる「運営」である。近年，所有・経営・運営のそれぞれを独立した主体として分離し，また組み合わせることがビジネスの主流となった。

オーナーとオペレーターの Win-Win の構造

米国で1950年代にはじまった MC（Management Contract＝管理運営委託契約）方式のホテル経営によって，不動産業であるオーナー（Owner＝ホテル土地建物所有者）と，オーナーから委嘱されて運営にあたるオペレーター（Operator＝ホテル運営企業）に Win-Win[1)]の構造が生れた。オーナーに運営ノウハウがなくとも，運営力のあるオペレーターに運営委託することにより，資産運用ができ，その逆にオペレーターは，不動産投資することなく新たにチェーンを拡大し，運営管理の見返りとしてオーナーからマネジメント・フィ（Management Fee＝運営委託料）を受け取ることができる[2)]。

ホテルへの投資と所有

M&A（Merger & Acquisitions＝合併・買収）

近年日本でも，新規建設のみならず，M&A によるホテルの所有権や営業権の変更が日常的に行われるようになった。M&A にあたり，オーナー企業や投資会社は，自社またはコンサルティング会社に依頼して，事業収益性を査定するためデュー・デリジェンスを行う。ホテルの M&A で重要視されるのは事業収益性であり，かつての日本のように土地・建物の価値ではなく，ホテルの売買価格は，GOP（**5-3**）の約10倍が目安といわれる。

デュー・デリジェンス（Due Diligence＝資産適正評価）

投資家は，M&Aの対象に対してデュー・デリジェンスで収益還元法[3)]にもとづいて不動産を物理的（土地実測図，建物修繕記録，耐震性等），法律的（各種契約書，許認可，係争案件の有無等），経済的（決算書類，税務書類等）に，詳細に調査分析し，収益ベースの不動産評価額を算出する。このようにして，投資家は，投資リターンが適切に得られるかどうかを判断する。

REIT（Real Estate Investment Trust＝不動産投資信託）

米国では，一般投資家から資金を集めた投資法人（ファンド）[4)]がM&Aおよび不動産運用にあたるREITが活発であり，ホテルにおいても，1990年代，スターウッド・グループ（**1-4**）が，REIT方式で業容を急拡大した。2000年11月，日本でも法的に認められた日本版REITがスタートした。現状は貸しビル中心に運用され，ホテル不動産が投資に組み込まれることはまだ少ないが，2006年以降日本でもジャパン・ホテル・リート投資法人や星野リゾート・リート投資法人等ホテル特化型REITも現れてきている。

図表4-1　所有・経営・運営のチャート

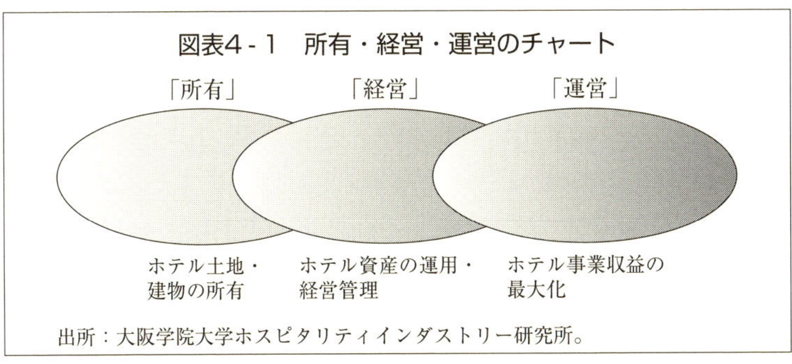

出所：大阪学院大学ホスピタリティインダストリー研究所。

図表4-2　不動産ファンドの仕組み

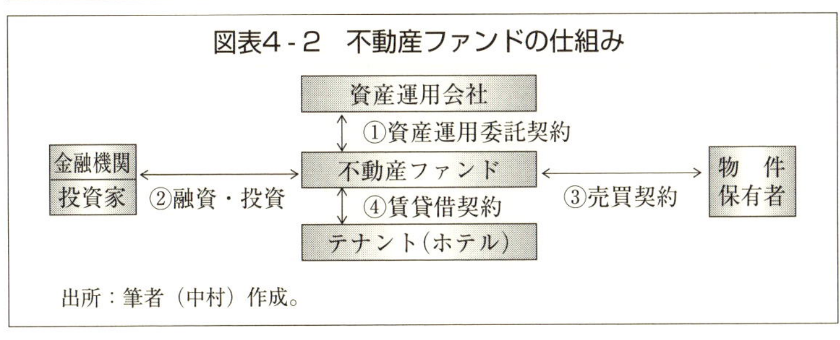

出所：筆者（中村）作成。

Section
4-2 ホテルのアセット・マネジメント

アセット・マネジメント，プロパティ・マネジメント，ファシリティ・マネジメント，バリュー・マネジメント，キャピタル・ゲイン，メンテナンスリノベーション，リーシング，リブランド，隠れ外資系ホテル

POINT

M&Aにより取得したホテル資産を運用し，投資リターンを確保するために，運営による事業収益性向上が重要となる。ホテルのアセット・マネジメントでは，事業運営益の配分とともに不動産等の資産売却に伴うキャピタル・ゲイン（Capital gain＝資本利得）[5)]も視野に入る。

アセット・マネジメント（Asset Management＝資産運用管理）

オーナー企業や投資会社は，M&Aなどで取得したホテル資産を所有し，自社が設立した所有会社（Owning Company）やコンサルティング会社（Consulting Firm）を通じて資産価値を高めるため総合的な資産管理・運用，すなわちアセット・マネジメントを行う。

プロパティ・マネジメント（Property Management＝ホテル運営管理）

アセット・マネジメントが，元来，主として所有の立場で不動産運用益や，さらには将来的な株式上場によるキャピタル・ゲインを目指すのに対して，個々のホテルは，オーナーの代理人であるホテル運営会社が経営の立場で，ホテル資産の価値向上，事業運用益の獲得を目指してプロパティ・マネジメントを実行する。

プロパティ・マネジメントの大きな役割は，ファシリティ・マネジメント（Facility Management＝建物維持・管理）にもとづくメンテナンス[6)]とリノベーション[7)]による資産価値向上のほか，実際にホテル事業にあたる運営の枠組みを作ること，すなわちホテルのポジショニングに対応した業態設定，経営方式の選択，運営責任者の選定にある。

バリュー・マネジメント（Value Management＝資産価値管理）

商業ビル管理を中心にバリュー・マネジメントの概念が注目されている。既存ビルの商用スペースの増幅，ITインフラ[8)]の整備，施設・内装のリニューアル[9)]，ビル低層階への料飲テナントのリーシング[10)]などにより，従来になかったビルの利用者価値を創造，増強する手法で，ホテルにとっても今後重要となる発想であるといえる。

リブランドとリノベーション

M&Aで取得したホテルを再生する手法として，リブランド[11)]やリノベーションが行われる。

リブランド（Rebrand＝ブランド変更）

バブル崩壊後，ホテル・チェーン内の再編，オーナーの経営方針の変更，M&Aなど様々の理由により，リブランドが推進される。近年は，ヒルトン，シェラトン，マリオットなど外資系ホテルへのブランド変更が目立ったが，ホテルオークラなど日系ブランドへのブランド変更もあった。しかしながら，リブランドの背景となるMC方式（**4-3**）が，必ずしも有効なリブランド効果を生まなかった地方都市では，外資ファンドの中には，経営方式の変更にもとづくリブランドではなく，既存ブランドのまま，独自に所有・直営する，いわゆる「隠れ外資系ホテル」や，外資系ブランドをフランチャイズ方式で導入するものも現れた。世界的なブランド力や運営ノウハウが，必ずしも地方都市で有効でないことや，高額なマネジメント・フィ負担を回避する意向が背景にあると思われる。

リノベーション（Renovation＝施設の刷新）

M&A後のホテルは，もちろんのこと，既存ホテルにおいてもホテルの建物のリノベーションが活発に行われるようになり，その範囲もロビー・玄関廻り，客室，宴会場，婚礼施設，レストランと全館にわたる。リノベーションは，基本的にバリュー・マネジメントの発想によるものであろうが，外部環境変化への対応やホテルのポジショニングを明確にすることを怠ると，その効果は薄いものとなる。

新規開業ホテルの経営方式とブランド

首都圏を中心に，世界的な大手ホテル・チェーンの新規参入が活発化している。先行する外資系ホテルの好業績が背景にあるのだが，1990年代MC方式で出店した外資系ホテルは，オーナーの初期投資負担によるリスクが大きかったことから，2000年代に入り新規ホテルのオーナーが，オペレーターであるホテル運営企業にリース方式やフランチャイズ方式による出店を要請するケースが目立つようになった。

Section
4-3

Key words

所有・直営方式，所有会社と運営会社，リース方式，ホテルのスケルトン貸し，MC 方式，マネジメント・フィ，FC 方式，フランチャイジーとフランチャイザー，フランチャイズ・フィ，運営指導契約方式，ホテルの共同体組織，リファーラル協定，ホテル・レップ，コンソーシアム

ホテルの経営方式

POINT

ホテルの経営形態には，所有・経営・運営の組み合わせにより異なった方式が存在する。それぞれの方式に優劣があるわけではなく，社会環境，経済情勢，マーケットニーズに即して，自社にとって適切な方式を選ぶことが重要である。

所有・直営方式

専業ホテルや，航空・鉄道・ゼネコン・流通など異業種企業が自社でホテルの土地建物を所有し，自ら経営・運営する方式。最近の傾向として，親会社や親会社が設立した所有会社（Owning Company）が土地建物を保有・維持管理し，自社系列の運営会社（Operating Company）が賃借して経営や運営にあたる，いわば形式的・擬似的なリース方式や MC 方式も増えている。これには，自社内といえども所有・経営・運営の責任の所在をより明確化し，ホテルの事業収益力を高める狙いがある。

リース方式

オーナーから，オペレーターであるホテル運営企業自らが土地建物をリース（Lease＝賃貸）して経営・運営する方式。オーナーが建物を，骨組みのみをスケルトン貸し[12)]する場合と，内装・設備済みでリースする場合がある。前者の場合，オペレーターの内装，設備の固定資産投資負担が大きくなることから，バブル崩壊後日本各地でオーナーとオペレーターとの間で家賃減免に関する係争が起こった。今後は，国内でも欧米並みに，後者の方式が多くなると考えられる。

MC（Management Contract＝管理運営委託契約）方式

オペレーターであるホテル運営企業が，土地建物を所有しホテルを経営するオーナーから運営業務を受託し，総支配人を始めとした幹部の派遣，ブランド使用権や運営ノウハウの供与，チェーン単位の販売促進活動を行う。対価としてオーナーは，オペレーターにマネジメント・フィ（Management Fee＝運営委託料）を支払う[13)]。この場合，運営に関する人事権，予算執行権はオペレーターに帰し，資産保有に関わる諸経費は，オーナーの負担，リスクになることから，最近，国内の新規開業外資系ホテルにおいて，マネジメント・フィーや MC 方式そのものを見直す動きがでてきた。

FC（Franchise Contract＝フランチャイズ契約）方式

基本的にオーナーの所有・直営。オーナーに充分なブランド力，販売力，運営ノウハウがない場合，大手ホテル・チェーンとフランチャイズ契約を結び，これらの提供をうける。フランチャイズ加盟ホテルのフランチャイジー（Franchisee）は，チェーン本部フランチャイザー（Franchiser）に対して加盟料フランチャイズ・フィ（Franchise Fee）を支払う。

運営指導契約方式

FC方式同様，有力ホテル運営企業からノウハウの提供をうけるが，FCと異なり，チェーン・ブランドを使用せず，オーナーの自主ブランドで運営する。オーナーはホテル運営企業に一定の運営指導料を払う。新規開業の独立系ホテルが，期間限定でこの方式を採用することが多い。

その他，ホテル共同体組織

独立系の直営型ホテルは，リファーラル協定（Referral Agreement＝相互送客協定）による共同体（チェーン，グループ）を組織することや，ホテル・レップ（Hotel Representative）やコンソーシアム（Consortium）[14]に加盟することにより，販売促進活動を強化し大手ホテル・チェーンと対抗している。

図表4-3　ホテルの経営方式

経営方式	所有	経営	運営責任	運営ノウハウ	ブランド
所有・直営方式	W	W	W	W	W
リース方式	W	P	P	P	P
マネジメント契約(MC)方式	W	W	P	P	P
フランチャイズ契約(FC)方式	W	W	W	P	P
運営指導契約方式	W	W	W	P	W

W＝オーナー（所有企業）　P＝オペレーター（運営企業）
出所：大阪学院大学ホスピタリティインダストリー研究所。

Section

4-4

Key words

旧来型ホテル経営組織，MC 方式の経営と運営，ホテル経営システムの改善

日系ホテルの経営システム

POINT

日系ホテル企業の業績不振の原因は，過剰投資，マーケット変化への対応不足，経営システムの整備の遅れがあげられる。資本調達・資産管理を担当する経営と日常的に業務を執行する運営の間における責任・権限のすみわけ，すなわち経営のシステム化が，今後，重要な課題となる。

旧来型経営システムの現状

従来，日系ホテルの総支配人は，運営の最高責任者というよりホテル会社の役員であることの方がより意識されていた。この場合，総支配人は，宿泊，食堂，宴会の収益部門と販売促進部門の担当役員であることが多く，社長はもとより，人事，財務，施設など管理部門を担当する上級役付役員が，総支配人より上位に位置することになる。このような状況において，総支配人は，日常業務においても，管理担当役員に実質的に管理・監督され，運営に関して充分に力を発揮できない場合もあった。

さらに，一部の老舗専業ホテルでは，販売促進を他の役付役員が担当することや，本来料飲部門の一部であるべき調理部門を，総料理長が総支配人より上級の役員として担当することもあり，総支配人の運営上における業務執行の障害となった[15)]。

MC 方式における経営と運営の関係

通常，MC 方式により経営・運営される国内の外資系ホテルは，ホテルを所有するオーナーである日系企業や，最近増加の傾向をみせる外資系投資会社やそのファンドが出資・設立する運営子会社が経営母体となる。日系オーナーの場合は，オーナーから派遣された子会社社長がオーナーの代理人として常駐し，業績管理と決算，資産管理と中長期修繕企画を主たる職務とするが，日常的には，オペレーターから派遣された総支配人の業務執行の監視役として目をひからせることになる[16)]。

外資ファンドが所有する直営，MC，FC 方式のホテルの場合，ファンド出資者の意向をバックに，収益性向上と資産価値向上のため，新規ホテル設備投資，適切なオペレーターの選定などにおいて，よりプロフェッショナルなプロパティ・マネジメント（**4-2**）を展開する。しかしながら外資ファンド系のホテルが，国際的なホテル運営システムに精通した経営・運営者を配置したとしても，日本のホテル・マーケットをよりよく理解して対処できるかどうかが，今後のビジネスの成否を決する大きな課題として残る。このことは，地方都市において顕著となろう。

ホテル経営システムの改善の方向性

経営と運営のすみわけが契約上明確化しているMC方式以外の経営形態において，経営システムの改善の方向性は，（1）総支配人が運営会社のトップを兼務する，（2）総支配人に運営に関する執行権を依嘱し，権限と責任を明確化する，の2点が考えられる。いずれの場合も，ホテル資産の所有および経営と，運営を分離・分業することが前提となる。

図表4-4　日系ホテルの組織構造（1）

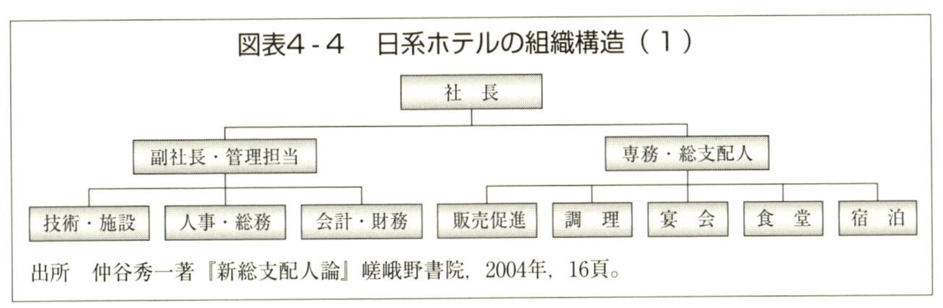

出所　仲谷秀一著『新総支配人論』嵯峨野書院，2004年，16頁。

図表4-5　日系ホテルの組織構造（2）

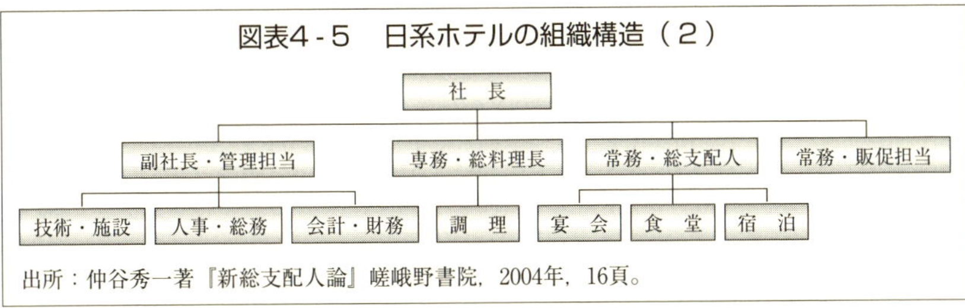

出所：仲谷秀一著『新総支配人論』嵯峨野書院，2004年，16頁。

図表4-6　外資系ホテルの組織構造（MC方式）

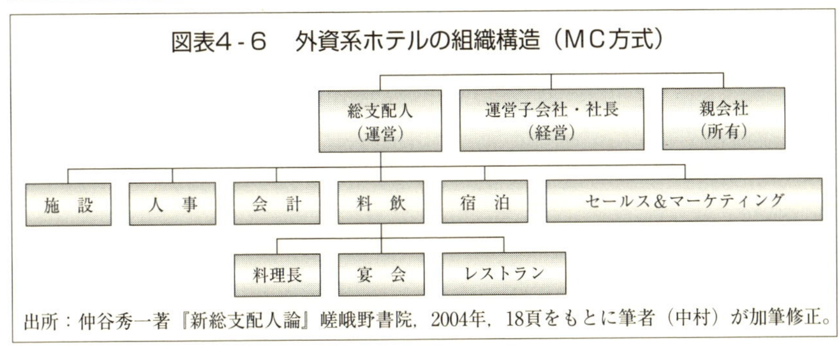

出所：仲谷秀一著『新総支配人論』嵯峨野書院，2004年，18頁をもとに筆者（中村）が加筆修正。

■注　記

1）Win-Win→双方に有利であるという意味。
2）仲谷秀一著『新総支配人論』嵯峨野書院，2004年，17-18頁。
3）収益還元法→不動産価格の評価法の一つ。当該不動産が将来いくら利益を生み出してくれるかを基準に現在価値に割引いて評価する。
割引の方法により直接還元法とDCF法（Discounted Cash Flow）がある。
4）投資法人（ファンド）→投資銀行や証券会社，不動産会社が投資目的で設立した基金や，投資家をあつめて組成した投資組合を指す。
5）キャピタル・ゲイン（Capital gain）→資本利得。投資元本に対する値上がり益。
6）メンテナンス（Maintenance）→建物・設備の日常的な修繕・補修をさす。
7）リノベーション（Renovation）→建物，設備の中長期にわたる計画的な修復や刷新。業態，グレード，コンセプト，内装など抜本的な改装をさす。
8）インフラ（Infrastructure）→本来は，国家，社会などの経済的存続に必要な基本的施設・基盤をさす。ホテルにおけるIT（Information Technology＝情報科学技術）インフラとは，業務上，営業上の情報システム網・環境の整備をいう。
9）リニューアル（Renewal）→施設のデザインなど表層的に一新すること。
10）リーシング（Leasing）→賃貸借契約によるテナントを誘致すること。商業ビルの場合，消費者の購買意欲を刺激し，テナント・ショップ全体の売上を促進するため，トータルな店舗計画が重要となり，テナントの選択，業態やグレードによる，計画的な区分わけが必要となる。
11）リブランド（Rebrand）→ブランドの変更。単にブランド名の変更にとどまらず，ポジショニング，コンセプト，運営方法などの抜本的な刷新をともなう。
12）スケルトン（Skeleton＝骸骨）貸し→ビルの躯体のみでオーナーがテナントに賃貸し，テナントは，内装・設備をテナントが自己負担することをいう。この方式では，リース期間は，20年～30年の長期期間となる。
13）バブル期，売上に対して10パーセントにものぼったマネジメント・フィも，現在はGOPの10パーセント内外（売上に対して，2～3％にあたる）に設定されている。
14）ホテル・レップ（Hotel Representative）とコンソーシアム（Consortium）→独立系の直営ホテルの予約業務や，販売促進活動を代行する企業を，ホテル・レップと呼ぶ。ホテル・レップのうち，傘下のホテルの加盟基準を強化してホテル間の結びつきを，より深めたものが，コンソーシアムである。代表的なホテル・レップにはSRS（Staigenberger Reservation Service ドイツ），LHW（The Leading Hotels of the World, Inc 米国），PHW（Preferred Hotels & Resorts Worldwide, Inc 米国）などがある。
15）仲谷秀一著『新総支配人論』嵯峨野書院，2004年，15-16頁。
16）仲谷秀一著『新総支配人論』嵯峨野書院，2004年，18頁。

ホテルの収益構造

Section
5-1

Key words

部門利益率，宿泊部門の収益構造，レストラン部門の収益構造，一般宴会部門の収益構造，ブライダル部門の収益構造，ブライダル・パートナー会社

部門の収益構造と利益率

POINT

日本のホテルにおける宿泊，レストラン，宴会各部門の売上構成の比率は，平均的にそれぞれが3分の1となる。地方のホテルでは，宴会部門をさらに一般宴会，ブライダルにわけた4部門の売上がそれぞれ4分の1となり，いずれにしても料飲部門の占める割合が海外にくらべ相対的に高い。4つの部門は，収益構造や利益率が異なり，それぞれの収益特性に応じた運営が重要となる。

部門利益率

部門の利益は，部門売上と，部門に直接かかわる人件費・販売管理費から算出する方法と，いわゆる本社費とよばれる全社にかかわる費用のうち，当該部門に関連することが明らかなものを配賦して行う方法がある。前者は，部門内でコントロール可能な収益と，部門長の職務遂行能力や成果を評価する基準となり，後者は，当該運営形態による経営の妥当性を判定する基準となりうる。この節では，前者の部門内の運営力，収益力の指標である部門利益率について述べる。

宿泊部門の収益構造

宿泊部門の部門利益率は，60%～70%が目標となる。宿泊部門の高い利益率は，固定人件費を低く設定できること，客室清掃，ベル・スタッフなどのパート・アルバイト人件費や，客室アメニティ等の消耗費を，繁閑の度合いや売上の増減にあわせて変動させることによりもたらされる。

レストラン部門の収益構造

レストラン部門の部門利益率は，業態によって異なるが，平均的に20%前後と低い。サービス・調理に熟練者を要することが固定人件費引き上げの要因となり，変動費である原材料費も，メニューの売れ行き次第でロス[1]につながりやすいことから，利益率が低く抑えられる。

一般宴会部門の収益構造

法人・団体利用を中心とした一般宴会は，予約が事前に確定することから，原材料を計画的に効率よく使用できるので，原材料コストをレストランより低く抑えることができる。また，人件費のうち，大きな部分を占めるサービス要員を，アルバイトや派遣社員で，受注状況に応じて変動的に配置できることから，50%近い部門利益率を確保できる。

ブライダル部門の収益構造

部門利益率が約50%の一般宴会に比べ，同じ宴会であってもブライダル部門の部門利益率は35%前後と低い。これは，原材料費・人件費は一般宴会と同様であっても，ブライダル売上のうち，ホテルが業務委託契約を結んだ衣装・美容着付け・写真・花などのブライダル・パートナー会社やその他委託先の売上合計が，50%以上にものぼり，これらパートナーに対する支払歩合額が大きいことに起因する[2)]。パートナーへの支払い歩合は，契約によって異なるが，通常，売上の60%から70%の間で設定される[3)]。

フィットネス・スパ部門の収益構造

フィットネス・スパ部門の利益率は外部委託による有名ブランドを導入した運営か直接運営かにより変動する。直接運営の場合25%～35%，有名ブランドと提携の場合15%～25%が平均的である。

図表5-1　収益部門の利益構造（部門利益率）

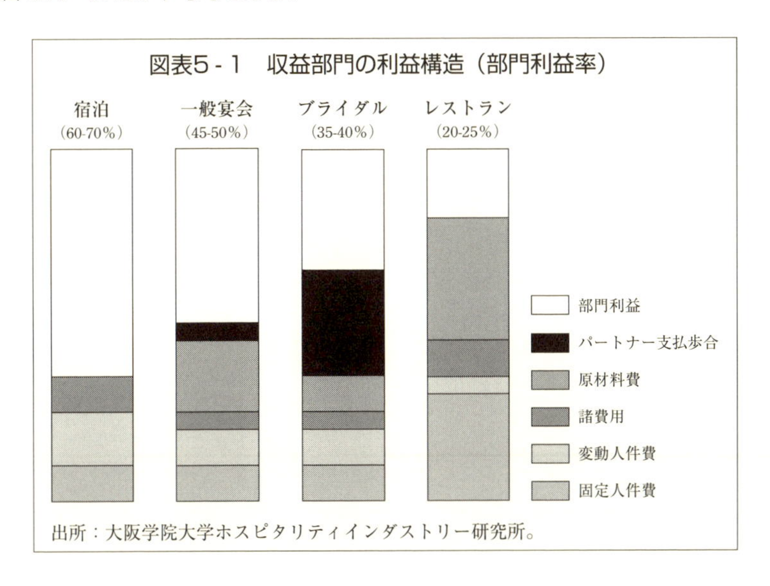

出所：大阪学院大学ホスピタリティインダストリー研究所。

Section

5-2

Key words
多機能型シティ・ホテルの収益性，宿泊特化型ホテルの収益性，ブライダル特化型ホテルの収益性

収益部門の構成

POINT

宿泊，レストラン，宴会からなる収益3部門の組み合わせによって，ホテル全体の収益特性や業態特性が決まる。ホテルの事業収益性と運営効率を高めるためには，当該ホテルのポジショニング，コンセプト，事業目標にあわせて，3つの収益部門を組み合わせる必要がある。

部門構成と業態

前節で述べたように，宿泊・レストラン・宴会（一般宴会・ブライダル）は，それぞれ異なった収益構造をもつ。ホテル建設にかかわる土地取得・建築費などの投資コストが海外に比べ相対的に高い日本では，投資回収のため，部門利益率は低くとも，小さな面積で大きな売上を期待できるレストラン・宴会部門の収益を強化する必要があった。また従来，コミュニティの交流の場としての機能を担っていた料理旅館・料亭の代替施設としてのニーズが，料飲部門の充実を後押しし，日本のホテル業態の多機能化を促進した。かつて大都市の大型シティ・ホテルから地方の中小コミュニティ・ホテル，さらにはビジネス・ホテル，リゾート・ホテル（**2-1**）にいたるまで料飲施設を強化し，ホテルの多機能化がすすんだが，やみくもな多機能化が，供給過剰や過当競争，利用者ばなれを引き起こす原因ともなった。近年，このような事態に対する反省から，ポジショニングにあわせて，宿泊特化型ホテル，ブライダル特化型ホテルなど，個別マーケットを重視した業態の見直しも進んでいる。

シティ・ホテルの収益性

多機能型シティ・ホテルでは，宿泊部門に比較し部門利益率の低いレストラン・宴会などの料飲部門を多く含むこと，またホテル全体に関わる販売促進費など非配賦営業費用（**5-3**）が膨らむ傾向にあることから，収益性は多くを望みにくい。しかしながら，利益率は低くとも，利益の絶対額は確保できることから，投資額の大きいシティ・ホテルにおいては，多機能化を効果的に行うことが肝要となる。今後，高級シティ・ホテルにおいては，高品質・高感性な多機能性を追及することにより，非日常性を強化することが求められる。

一方中級シティ・ホテルでは，ブライダル等の非日常的な部門を廃し，宿泊・料飲ともに日常的な利便性を強化して，高級ホテルに対抗する必要がある。

いずれの場合も，マーケットに応じた宿泊部門を確立し，その収益性をいかに活かすかがシティ・ホテルの最大課題となる。

宿泊特化型ホテルの収益性

宿泊特化型ホテルの収益性は，おおむね高い。このタイプのホテルの絶対条件は，都心の，交通至便な好立地であることにつきる。そういう意味で，都心へのアクセスの良い周辺駅前立地であれば，宿泊特化型ホテルは，成立しうる。ビジネス宿泊客の利便性と低価格，快適性が成功要件となる。実際，国内で成功しているビジネス・ホテル・チェーンは，このような立地条件にある。

ブライダル特化型ホテルの収益性

ブライダル特化型のホテルとは，付帯アミニティ機能として最低限の宿泊・レストラン部門を備えたホテルを指し，いわば客室付きゲスト・ハウス[4)]といえる。ブライダル部門の収益性は，宿泊部門にくらべ高いとはいえない。しかしながら，パートナー企業への支払い歩合の見直しや直営化によりコストを軽減できれば，充分利益を確保でき，宿泊特化型ホテルより総売上は相対的に高いことから，利益率は低くとも利益の絶対額は大きい。婚礼の多様化時代にあって，婚礼に特化して高感性，非日常性を演出することが可能となり，参列者が宿泊できるホテルとしての優位性も活かせる。

図表5-2　ホテルの業態別収益特性（GOP率）

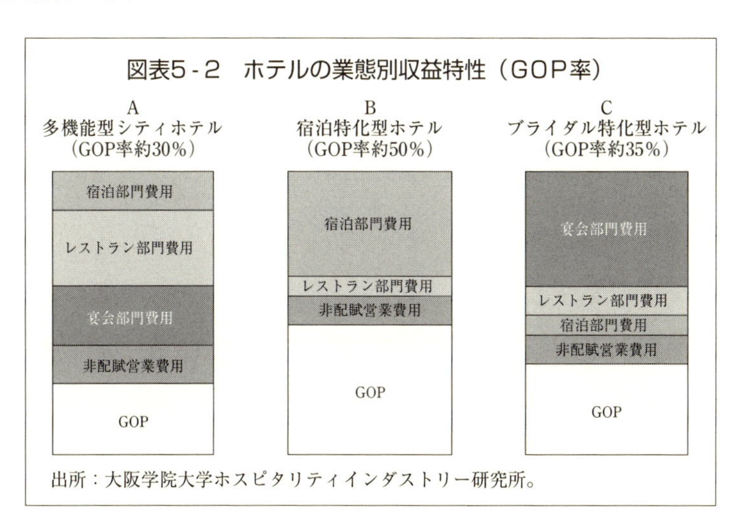

出所：大阪学院大学ホスピタリティインダストリー研究所。

Section
5-3

Key words　階層別収益管理，部門長の収益責任，部門利益，総支配人の収益責任，GOP ハウス・プロフィット，EBITDA

階層別収益管理と収益責任

POINT

国際的ホテル・チェーンでは，会計基準としてユニフォーム・システムを採用している。ユニフォーム・システムは本来，管理会計の思想でつくられた会計基準であり，これを用いることにより，経営・運営の階層ごとに収益責任の所在をあきらかにし，収益管理を円滑かつ効率的に行うことができる。

階層別収益管理

財務会計が株主・債権者等への対外的な情報開示を目的とするのに対し，管理会計はあくまでも企業内部における経営管理の手段として利用される[5)]。国際的なホテル統一会計基準であるユニフォーム・システム（**5-4**）を管理会計として採用しているホテルでは，経営の階層ごとの収益管理が容易になる。経営の階層とは，（1）部門長，（2）総支配人，（3）オーナー・社長をさす。

部門長の収益責任⇒部門利益（Departmental Income）

ホテルのプロフィット・センターである収益部門は，大きく客室・料理・飲料・その他の部門（電話・駐車場・売店等）に分けられる。各部門では，部門長が直接コントロール可能な原材料費・直接人件費・消耗費などの部門費用と部門売上とのバランスが部門利益となり，各部門長がその収益責任を負う[6)]。部門ごとの収益管理の前提として，部門の人件費やその前提となる人事権，部門運営に直接かかわる経費の執行権が部門長に委譲されている必要がある。

総支配人の収益責任⇒GOP（Gross Operating Profit＝営業総利益）

総支配人は，各部門費用の合計に加え，人事・経理・総務などの管理部門やマーケティング部門の人件費・光熱費をはじめとする間接的な非配賦営業費用（Undistributed Operating Expenses）の総合計とホテルの総売上とのバランスであるGOPの責任を負う[7)]。GOPは，ハウス・プロフィット（House Profit）とも呼ばれるが，財務会計における金利償却前営業利益に近いものといえる。

社長の収益責任⇒純利益（Net Income）

オーナー（またはオーナーに選任された社長）にとって，GOPから運営委託料（**4-3**），賃料を控除したEBITDA[8)]から，資産税，保険料，支払金利，減価償却費および法人税を控除した純利益が，その責任範囲となる[9)]。GOPおよび純利益の収益管理を円滑に行うためには，社長・総支配人間で，運営に関する権限と責任を明確にしておくことが必要となる。

ホテル収益の特徴

ホテルの収益は一般的に為替相場，株式相場等経済環境の変動への感応度が高く，経済環境に恵まれた場合，大幅な向上が期待できる。また高い初期投資費用に伴う資本集約的側面や人的サービスを中心とする労働集約的側面をあわせ持つため，固定費負担が比較的重く，損益分岐点が高くなるものの売上が損益分岐点を超えた場合，収益向上効果が大きくなる傾向がある。

図表5-3　階層別利益管理

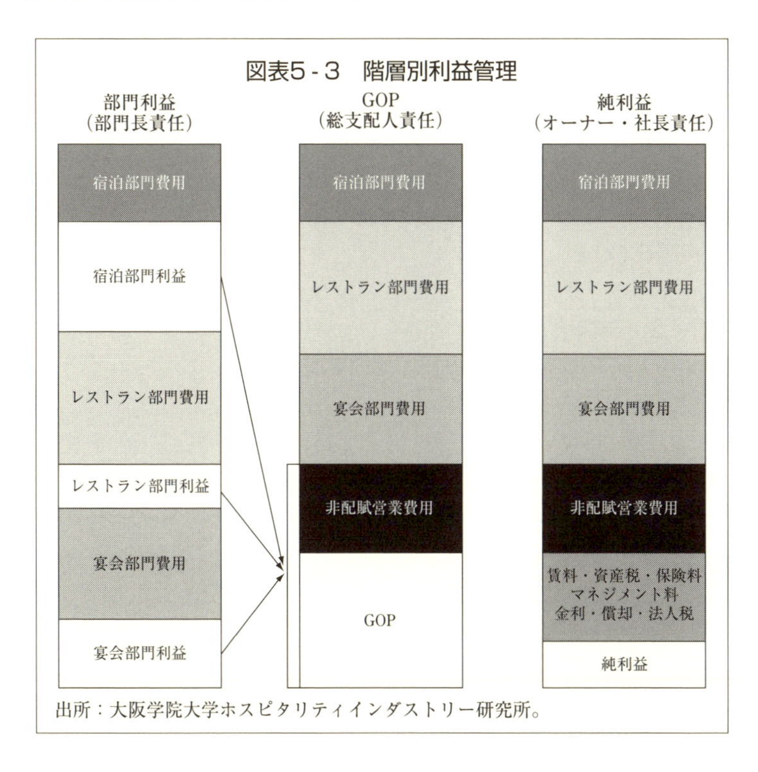

出所：大阪学院大学ホスピタリティインダストリー研究所。

Section
5-4

ユニフォーム・システム，エルスワース・M・スタットラー，部門別損益計算書，ユニフォーム・システムの役割，財務会計と管理会計，ユニフォーム・システムの課題，ユニフォーム・システムの利点

統一ホテル会計基準としてのユニフォーム・システム

POINT

ホテル版国際会計基準とも擬せられるユニフォーム・システムは，国際的ホテル・チェーンで幅広く採用され，日本国内でも，外資系ホテルの進出，外資ファンドによるM&A，投資活動とともに，にわかに注目をあびるようになった。しかしながら企業カルチャーや経営システムの相違から，我が国におけるユニフォーム・システムの円滑な活用には，超えるべき課題も多い。

ユニフォーム・システムの概要

ユニフォーム・システムは，正式には“Uniform System of Accounts for the Lodging Industry”といい，1926年エルスワース・M・スタットラー[10)]を中心とした委員会によりニューヨークで制定され，同年ニューヨーク市ホテル協会により教本の初版が出版された。以来11回の改訂を重ね，現在は全米ホテル＆モテル協会，国際ホスピタリティ会計士協会の認定のもと，広く世界のホテルで会計基準として採用されている。

ユニフォーム・システムの役割

ユニフォーム・システムには次の３つの役割がある。

（１）財務会計としての役割

通常の財務会計と同様，決算を目的とした財務諸表が基本となる。財務諸表は，貸借対照表（Balance Sheet），損益計算書（Statement of Operation），株式資本計算書（Statement of Owner's Equity），キャッシュフロー計算書（Statement of Cash Flows），財務諸表注記（Note to the Financial Statement）からなり，これに部門別損益計算書（Departmental Statements of Operation）が添えられる。

（２）管理会計としての役割

部門別損益計算書は，要約損益計算書（Summary Operating Statement）と各部門の付属明細書（Supporting Schedule）からなり，通常，月次で作成される。各部門の収益性を明らかにし，効率的な運営を可能にする指針，すなわち管理会計としての性格をもつ。

（３）国際標準としての役割

国際的なホテルチェーンとの管理運営委託契約の導入，外国資本によるM&A，資本参加など，ホテル資産の流動化，ビジネスの国際化が進む中，世界規模の業績比較が重要となった。ホテル版国際会計基準ともいうべき，統一ホテル会計基準としてのユニフォーム・システムの役割である。

ユニフォーム・システムの利点

ユニフォーム・システムを使用することにより次の4つの利点がある。

（1）ホテル各部門ごとに収益目標や実績における責任の所在が明確になる。

（2）統一された会計処理なのでシステムを採用している企業間の業績比較が容易である。

（3）運営委託契約を締結している場合のマネジメント料の算出基準が明確になる。

（4）M＆A等不動産評価の際，部門別の収益が明確になっているので資産評価のデータとして有効に活用できる。

ユニフォーム・システムの課題

ユニフォーム・システムは，本来，海外の宿泊主体のホテル業態を念頭に置いた会計基準であり，料飲部門売上の比重が高い日本では，基準そのものを日本的にカスタマイズする必要がある。また海外と日本では企業カルチャーや経営システムも異なることもあり，ユニフォーム・システムを導入し，効果的に活用するためには，様々な課題を解決する必要がある。ここではそれらの課題と解決策について説明する。

（1）階層別の収益責任者への権限委譲

各部門長，総支配人が，それぞれが所管する売上，費用を容易にコントロールするために人事権，予算執行権の委譲が前提となる。

（2）料飲部門の細分化

売上総額に占める料飲部門売上の比率が60%以上ともなる日本のホテルで，部門ごとにきめの細かい収益管理を目指すというユニフォーム・システムの基本思想を実現するためには，料飲部門をレストランと宴会に，さらに宴会を一般宴会，ブライダル宴会に細分化することが必要となる。

■注　記

1）ロス（Loss）→非効率による損失をいう。メニューの原材料となる生鮮食料品の場合，短期間で劣化し廃棄せざるをえなくなる。廃棄による損失分がコストを引き上げる要因となる。

2）ホテルは，印刷，司会，音楽奏者，牧師・聖歌隊，神主・楽師・巫女，ウェディング・プロデュース，アトラクションなど様々な委託先に，発注し売上歩合を支払う。

3）パートナー会社との業務委託契約において，かつてはパートナーがホテルに長期償還の業務委託保証金を納め，それにともないパートナーへの支払歩合は70%前後と高めに設定されていた。しかしながら，近年，マーケット・ニーズの多様化や急速な変化に対応するため，保証金をともなう長期契約を避け，年次単位の業務委託契約の方式を採用することが多くなり，これにともない，支払歩合も60%と，低く設定されるようになった。

4）ゲスト・ハウス→邸宅のこと。最近，独立した建築物である邸宅での婚礼が，増加傾向にある。一棟の邸宅を独占使用でき，自然な庭園を取り込むことができるなどの魅力が，婚礼客の人気を集めている。

5）グロービス・マネジメント・インスティテュート編『MBAマネジメント・ブック』ダイヤモンド社，1995年，87頁。

6）仲谷秀一著『新総支配人論』嵯峨野書院，2004年，78頁。

7）前掲書『新総支配人論』 p.79　非配賦営業費用には一般管理費，販売及びマーケティング費，施設運営及び維持費等収益部門の営業費用に含めることの出来ない費用が含まれる。この非配賦営業費用の表現は英文のUndivided Operating Expensesの和訳で配賦不能営業費用，非配分営業費用と表現される場合もある。2006年改訂の「ユニフォーム・システム」第10版では英文が「Undistributed Operating Expenses」へと変更されている。

8）EBITDA（Earning Before Interest, Tax, Depreciation and Amortization）→支払利息・税・減価償却前利益。企業の支払い可能現金保有を表すキャッシュ・フローの分析に重要な指標となる。2006年改訂の「ユニフォーム・システム」第10版では「Net Operating Income（営業純利益）」へと変更されている。

9）前掲書『新総支配人論』 80-81頁。

10）エルスワース・M・スタットラー（Ellsworth Milton Statler，米国1863-1928年）→ホテル・ビジネスに科学的経営方法を導入し，近代的ホテルチェーンの先駆けとなった。また次代のホテル経営者育成にも力をつくし，財政面で建学間もないコーネル大学ホテル経営学部の発展に貢献した。スタットラーのホテルチェーンは，彼の没後夫人によってコンラッド・ヒルトンに売却され，スタットラーの経営理念はヒルトン・グループに受け継がれている。

Chapter 6

ホテルの情報システム

Section
6-1

Key words HMS（Hotel Management System）
LAN（Local Area Network）
WAN（Wide Area Network）

ホテルの情報システムとネットワーク

POINT

労働集約性の高いホテルにとってITの導入は，業務生産性の向上のため不可欠である。ホテル内LANで結ばれた収益部門，マーケティング部門，管理部門のITシステムによって，収益管理，運営管理が効率的に行われる。ホテル・チェーンにおいては，加盟ホテルとチェーンを統括する本部間のWANにより経営情報の一括管理や迅速な経営判断が可能となる。

HMS（Hotel Management System＝ホテル・マネジメントシステム）

ホテル業界は，他産業に比べ，IT化が比較的早い時期から進んでいる。IT導入の最大の目的は，各部門における業務生産性の向上にあったとみることができ，日本におけるHMSの現状は，宿泊・レストラン・宴会といった異なる事業体が相互連携して売上げを確保しながら，対応する費用管理の部分はそれぞれの事業体ごとに分割されず，全体として機能している。

今後のHMSによる生産性向上における課題は，複数アプリケーション[1)]（または複数部門）間の連携にある[2)]。事実，外資系，日系を問わず，日本のホテル業界では，部門ごとにIT導入は急激に進んでおり，同時に，収益部門の現場，マーケティング部門，管理部門の相互の間にネットワークが構築されつつある。部分最適化されたサブ・システムの集合体であるHMS上の各部門の売上・費用情報を，アカウンティング（経理）システムに集中させることにより，ホテル全体の収益管理が可能となる。

最近では効率的なIT投資の観点からクラウドサービス[3)]を導入するホテルも増えている。

HMS（Hotel Management System）の構成

（1）宿泊部門のPMS（Property Management System）
（2）宴会部門のBanquet System，ブライダル予約システム
（3）レストラン部門のPOS System（Point of Sales System）
（4）会計部門のAccounting System
（5）購買部門のPurchasing System
（6）人事部門のHuman Resources System，Payroll System

HMS と PMS

米国業界において，従来，ホテルの IT システムは，宿泊部門のシステム PMS に，POS システムやバック・オフィス（Back Office＝事務所）のシステムを付帯的に接続したものが主流であった。その意味で，総合的なホテル・システムを，広義の PMS，ないしは Hospitality Property Management System とすることも多いが，本書では，統一して HMS と表現する。

LAN（Local Area Network＝域内情報ネットワーク）

ホテル内のホテル・システムを連結し，アカウンティング，マーケティング，その他の管理データの情報を部門間で共有し，部門を互いに連携させる情報網が LAN である。LAN は，官公庁・一般企業・教育機関などにおいて幅広く利用されているが，会計処理，情報伝達に即時性を要求するホテルにおいては特に有効である。

WAN（Wide Area Network＝広域情報ネットワーク）

複数の店舗を展開するホテル・チェーンでは，チェーン・オペレーション上の収益管理を円滑に行うために，個別のホテルと本部・本社をつなぐ WAN が有効である。WAN の利用により本部の情報端末で，加盟ホテルの経営情報を即時に取り入れることができるようになり，高度な経営判断の迅速性が促進される。

図表6-1　ホテル・マネジメント・システムの概要図

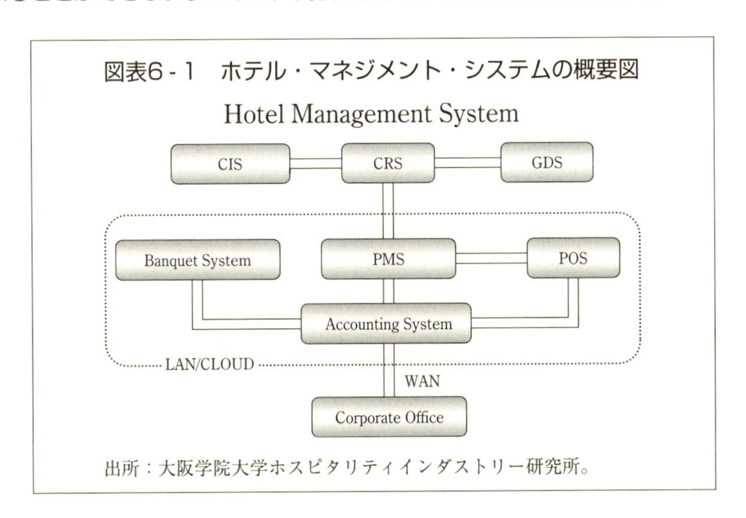

出所：大阪学院大学ホスピタリティインダストリー研究所。

Section
6-2

Key words
PMS (Property Management System),
YMS (Yield Management System),
CRS (Central Reservation System),
GDS (Global Distribution System),
CIS (Central Information System)

宿泊部門の情報システム

POINT

PMSは，本来，宿泊部門や管理部門における業務用システム・ソフトウェアのパッケージ全体を指すが，近年ホテル業の多機能化，IT化が進むにつれて，PMSは，一般的に，狭義にフロント・オフィス・システムを指すようになった。しかしながら，宿泊業であるホテルにおいてPMSが，基幹システムであることにかわりなく，その重要度は増している。

PMS (Property Management System)

PMSは，「単体ホテル（Property）のマネジメント管理情報システム」と訳すことができ，広義にホテルの情報システム全体をさすこともあるが，PMSの主要な機能がフロント・オペレーションおよび会計処理，費用管理であることから，ホテル業界で一般的に用いられるようにPMSをフロント・オフィス・システムと位置づけて説明することとする。

PMSの基幹であるフロント・オフィス・システムは，つぎの4つのソフトウェアで構成される[4]。

（1）Reservation Management Module＝予約業務用のソフトウェア
（2）Rooms Management Module＝レセプション業務用のソフトウェア
（3）Guest Accounting Module＝キャッシャー業務用のソフトウェア
（4）General Management Module＝各モジュールを統括し，収益分析・経営指標データ分析・顧客履歴管理を行うソフトウェア

PMSのホテル内インターフェース[5]

PMSは，客室販売効率を高めるイールド・マネジメント・システム，レストラン・売店などのキャッシュ・レジスターの役割も果たすPOSシステム，電話・ペイTV（有料TV）・ミニバー等の課金システムなどの宿泊関連システムの他，ホテル全体の収益管理のため，アカウンティング・システムにインターフェースされている（**6-4**）。

YMS (Yield Management System＝イールド・マネジメント・システム)

PMSの予約業務機能を，より効果的にするものとして現在もっとも重要度を増しているのがYield Management Systemである。Yield（イールド）とは，

利回り・歩留まり，すなわち「売り残しなく売りつくす」ことを意味し，Yield Managementとは「1室あたりの収益の最大化をはかる取り組み」と解釈することができる。こうした取り組みをシステムとしてサポートするソフトウェアがYield Management Systemである。また，最近「収益の最大化」をより強く意識し，Yield ManagementをRevenue Management（**8-2**）と呼ぶことも多くなった。

ホテル外システムとのインターフェース

ヒルトン，マリオット，ハイアット，スターウッドに代表される世界的なホテル・チェーンが運営する単体ホテルのPMSは，チェーン本部が構築した集中予約システムCRS（Central Reservation System）にインターフェースすることにより全世界から自動的に予約を受けることが可能となる。CRSは，航空会社が開発したGDS（Global Distribution System）と呼ばれるグローバル予約ネットワークで全世界約30万の予約拠点（旅行代理店・航空会社カウンター等）や，チェーンの予約センターCRO（Central Reservation Office）と接続されている。CRSは，またCIS（Central Information System）と呼ばれる集中顧客情報管理システムに連動して，グループ内の顧客データを共有している。

最近ではインターネットやスマートフォンの普及によりホテルにおけるGDS経由の予約は減少傾向にある。反面PMSと対応したインターネット，スマートフォン経由のホテル予約は増加傾向にある。

主要GDS（Global Distribution System）

（1）Sabre（セーバー）（2）Amadeus（アマデウス）（3）Travelport（トラベルポート）

図表6-2　CRSによる予約のフロー

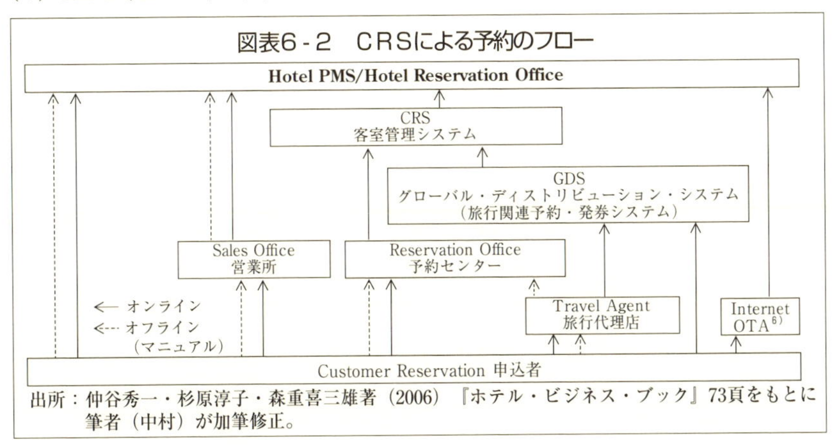

出所：仲谷秀一・杉原淳子・森重喜三雄著（2006）『ホテル・ビジネス・ブック』73頁をもとに筆者（中村）が加筆修正。

Section
6-3 料飲部門の情報システム

Key words
POS システム，レストラン運営システム，宴会システム，ブライダル予約システム

POINT

宿泊部門のPMSが，ホテル・ビジネスに特化し，かつインターナショナルなシステム・ソフトウェアであるのに対して，料飲部門の場合，広く外食産業，小売流通業で使用する汎用性の高いものや，ブライダル予約システムのように日本で開発されたソフトウェアも少なくない。

POS システム（Point of Sales System）

POSシステムは，日本語では，販売時点管理システムとも訳され，百貨店，スーパー，コンビニをはじめとした小売業，レストラン，カフェ，ファーストフード，テイクアウト・ショップなどのフード・サービス業でも広く使用されている。ホテル内においても，レストラン，バー，ルームサービスなどレストラン部門ばかりでなく，ホテル・アメニティ等の業務用品をみやげ物として商品化し販売するロゴ・ショップや，パン，ケーキ，惣菜などで最近注目をあびているホテイチ・ショップなどに利用用途も広い。

POSは，もともとキャッシュ・レジスターとして上記の用途で使われたものが，IT化，オンライン化とともに，現在は，販売時点における品目データ，利用者特性の統計・分析さらには原価計算まで可能なソフトウェアとして進化している。

レストラン運営システム（Restaurant Operation System）

レストランの予約・入店管理・テーブル管理・オーダー入力・デシャップ機能（料理仕上がり通知）等を一体したシステム。サービス・オペレーションを効率的に行うばかりでなく，テーブルの回転率向上を目指し，いわばレストラン版レベニュー・マネジメントをサポートする機能ももつ。

宴会システム（Banquet System）

当初は単なる精算機能しか有していなかった宴会システムであるが，海外のシステムが日本でさらに進化し，精算機能はもとより予約管理・見積書作成・手配書作成から，さらにシステム・オプションを追加して，会場コントロール，テーブル・プラン作成などオペレーションや販売促進支援（セールス情報管理）のサポート可能なものも現れた。宴会システムは，経理システムとオンライン接続され，宴会売上は，一括管理される。

ブライダル予約システム

近年，婚礼見込み客が，直接アクセスすることができるようビジュアル・コンテンツ面に配慮し，婚礼受注促進にも配慮した予約システムが登場している。ブライダル予約システムには，総合的な宴会システム機能を有するものと，単純に婚礼申し込み者に商品情報を提供するブライダル・プレゼンテーション・システムとして利用するもの，これに見積・精算機能を加えたものなど，様々なレベルのものが用途によって開発・提供されている。

図表6-3　婚礼宴集会統合支援システム

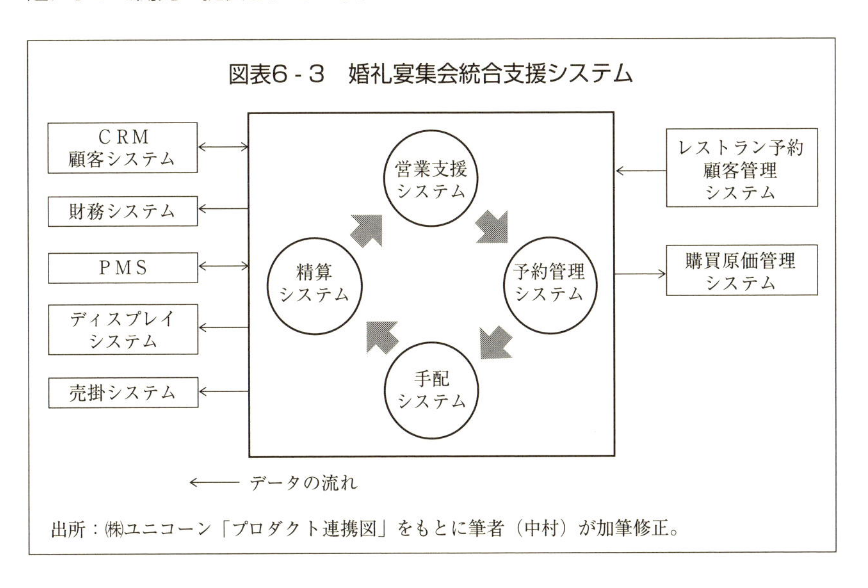

出所：㈱ユニコーン「プロダクト連携図」をもとに筆者（中村）が加筆修正。

Section

6-4

Key words
会計システム，購買システム，B to B（Business to Business），ASP（Application Service Provider），人事管理システム

管理部門の情報システム

POINT

管理部門の情報システムは，経理・購買・人事等の業務ソフトウェアからなり，経理システムを中核として収益管理のための経営情報を提供する最重要システムである。管理システムは，PMSと一体化した国際標準のものが既に存在するが，料飲主体の日本型ホテル運営では，独自に考案された国産システムおよび外国システムの改良版が望ましい。

会計システム（Accounting System）

PMS，POS，宴会システム，その他管理システムとインターフェースすることによりホテル内，収益部門，管理部門の会計情報を集中管理することができ，いわばホテル経営・運営における心臓部分といえる。国産の会計・経理システムは，従来財務会計をベースとしていたが，最近はユニフォーム・システム（**5-4**）にもとづく管理会計が可能なものも開発されている。しかしながら，料飲主体の日本型運営において部門別損益管理を円滑に行うためには，ユニフォーム・システムそのものを日本型にカスタマイズする必要があり，まだまだ課題が多い。

購買システム（Purchasing System）

ホテルにおける料飲原材料・消耗品の購買・仕入れは，総売上の20～25%にもなり，効果的な調達は，ホテルの収益性に大きな影響がある。購買システムの基本的な機能構成は「見積・入札」「発注管理」「納品管理」「仕入集計・債務確認」のプロセスに分解することができる。従来は，「納品管理→仕入集計・債務確認」の機能にとどまるものが多かったのだが，現在では幾つかのシステム・ソフトが，B to B[7)]サイトを基礎に，業務上の一連の流れをすべてのASPサービス内で行える形で登場している。これにより，従来求められていた「仕入集計」の正確性・生産性向上に加え，チェーン・ホテルでの集中購買や入札による調達コスト削減にまでシステムの活用が拡大してきている[8)]。

ASP（Application Service Provider）

インターネット上で，システム・ソフトを提供する業者。ASPを利用することにより，ホテルは専任のシステム管理者やサーバーが不要となり，コストを軽減できる。また，システムをASP側で更新できるなどメリットは多い。だが，ホテル経営者側に，自社の重要データーを外部のASPサーバーに置くことの不安感はぬぐえない。

人事管理システム（Human Resource System）

人事管理システムで，人事情報管理，労務管理，給与情報管理を行うことができる。システム自体は，POSシステム同様にホテル業界のみならず広く産業界で利用されているものである。しかしながら，今後，ホテル固有の多職種・24時間勤務体制下の労務管理や，成果・能力主義にもとづく人事評価システムに対応するためには，よりきめの細かなシステム構築が求められる。

図表6-4　HMSのシステムインターフェース概念図

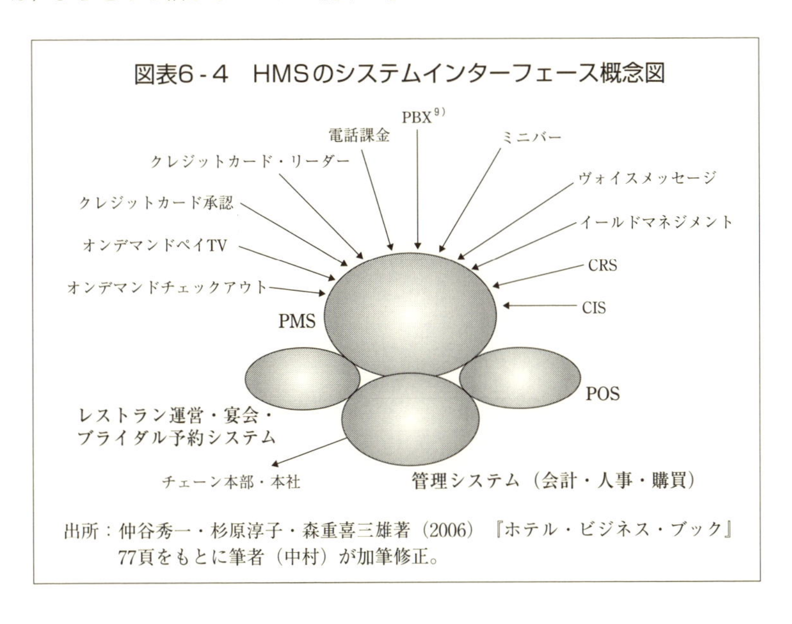

出所：仲谷秀一・杉原淳子・森重喜三雄著（2006）『ホテル・ビジネス・ブック』77頁をもとに筆者（中村）が加筆修正。

■注　記

1）アプリケーション（application）→コンピューター上における特定の業務・作業のための処理プログラム。

2）堀口洋明「ホテル業界におけるITについて」『週刊ホテルレストラン』2005年1月7日号，54-56頁。

3）クラウドサービス（Cloud Service）→データを自社のサーバー等に保存せずにインターネットを利用して他所で保存するサービスで次のようなサービスがある。

①SaaS（サース）：インターネット経由でソフトウエアパッケージを提供する。“Gmail”等のwebメールサービス

②PaaS（パース）：インターネット経由のアプリケーションの開発・運用をする“場”を提供する。

③HaaS（ハース）：インターネット経由でハードウエアや回線などいわゆる“インフラ”を提供する。

4）堀口洋明　前掲書，64頁。

5）インターフェース（Interface）→相異なる装置を接続するための仲介装置，あるいは，その境界域を指す。コンピューター・システムのハードウエア同士の接点，または接点となるプログラムをいう。

6）OTA（Online Travel Agent: オンライン・トラベル・エージェント）→インターネット経由でホテル予約システムを構築している旅行会社。日本国内では「じゃらんネット」，「楽天トラベル」，「一休.com」が，国際的には「エクスペディア」，「ブッキング・ドット・コム」，「アゴダ」等がよく利用されている。

7）B to B→Business to Business 企業間取引のこと。ここではホテル対納入業者間の取引をさす。

8）堀口洋明　前掲書，57頁。

9）PBX→Private Branch Exchangerで企業の内部におかれた電話回線の交換機。内線同士を接続するほか，外線から内線にかかってきたもの，内線から外線へかけるものもコントロールする。

ホテルの組織と総支配人の役割

Section
7-1

Key words
外資系ホテルの運営組織，Excom

ホテル部門の配置

POINT

一般企業と類似した日系ホテルの組織体に対し，外資系ホテルは，運営責任者である総支配人をトップとした効率的な運営組織体となっている。さらに，宿泊部門主体の海外のホテルに対し，料飲部門の比率が高い日本国内のホテルは外資系，日系を問わず，料飲部門，マーケティング部門が強化されている。

部門の配置

ここでは，グローバル・スタンダード[1)]を日本的にカスタマイズ[2)]した，外資系ホテルの標準的な組織をビジネス・モデルとして取り上げる。運営力，収益力を高めるべく組織の再構築に取り組む主要な日系ホテル・チェーンにおいても，外資系ホテルのモデルを取り入れる動きがある。外資系ホテルの組織は，次のような職務権限者，部門によって構成される。

（1）総支配人　（GM＝General Manager）
（2）副総支配人（EAM＝Executive Assistant Manager, Resident Manager）
（3）宿泊部門　（Room Division）
（4）料飲部門　（Food & Beverage Division）
（5）マーケティング部門（Marketing Division）
（6）人事部門　（Human Resource Division）
（7）経理部門　（Accounting Division）
（8）施設部門　（Engineering Division）

運営を統括する総支配人のもと，収益部門である宿泊部門，料飲部門，収益部門をサポートして販売促進活動を担当するマーケティング部門，人事・会計・技術などの管理部門が配置される。部門の配置は，固定したものではなく，ホテルのポジショニング，すなわち宿泊主体か料飲主体かという営業特性や価格・サービス・機能のグレード，運営者が目標とするビジョンや戦略によって流動的に組み立てられ運用される。

最近では激しい時代の変化に対応すべく複数の副総支配人を配置する外資系ホテルも現れてきている。

Excom（Executive Committee＝エクスコム，運営幹部会）

外資系ホテルの運営に関する最高意思決定機関。Excom は，総支配人，副総支配人および，宿泊，料飲，マーケティング，人事，経理，技術の各部門長で構成される。ホテルによっては，重要度に応じて総料理長やその他の幹部がメンバーに加えられる場合がある。

ホテル組織の特質

世界的チェーンのブランドを冠していても単体のホテルは，平均的に従業員数100人から300人くらいの少人数的な事業体である。その特質は，（1）少人数多職種，（2）中小企業的性格といえる。

（1）少人数多職種

ホテル内の組織は，緻密に組み立てられたシステムであり，システムを構成するのは60種類にもおよぶ職種である。

（2）中小企業的性格

中小企業とは，事業規模が経営者の目が行き届く範囲にあり，経営者がつねに率先垂範し，その経営の意思決定が瞬時に末端まで届くことに他ならない。従って，ホテルにおいては，総支配人ないしは部門長が，組織を中小企業と認識し，日常的な運営において，リーダーシップを発揮することが求められる。

図表7-1　ホテルの運営組織

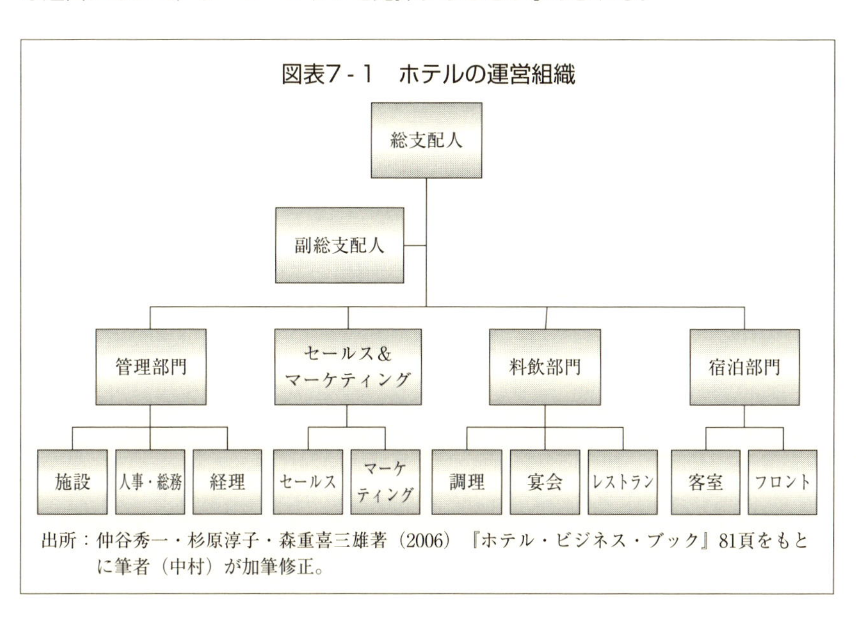

出所：仲谷秀一・杉原淳子・森重喜三雄著（2006）『ホテル・ビジネス・ブック』81頁をもとに筆者（中村）が加筆修正。

Section

7-2 総支配人の仕事

Key words
総支配人，ジョブ・ディスクリプション，リブイン，EAM レジデント・マネジャー，総支配人の 4 つの役割

POINT

世界的ホテル企業が展開するチェーン・ホテルの成功要件は，収益力を高める運営システムの標準化，ブランドを背景にしたマーケティング力に加え，ホテル運営責任者である総支配人の存在が重要であり，各ホテル企業ともその育成に力を注いでいる。そして，海外から進出した外資系ホテル同様，日系ホテルにおいても，総支配人の重要性は再認識され，プロフェッショナルな総支配人の育成に取り組み始めた。

総支配人（General Manager）

総支配人は，単体ホテルの業務執行，即ち運営の最高責任者である。日系ホテルの場合，ホテル企業の役付役員が兼務する場合が多く，運営責任者というより経営陣の一員としての色彩が濃い。このような日本型経営組織においては，運営に関して責任と権限が総支配人に一元化されておらず，総支配人の正常な業務執行やその育成の妨げとなっていた。一方，外資系ホテルにおいては，ジョブ・ディスクリプション（Job Description＝職務記述書）[3)]に記載された権限と責任に従い，総支配人は，運営に関して全権を担って業務にあたる。

外資系ホテルにおいて，総支配人が初めて就任する年齢は，平均35歳～40歳であり，遅くとも55歳までの仕事といわれている。リブイン（Live-in＝住み込み勤務）[4)]を求められることも多く，肉体的・精神的負担の大きい仕事といえる。

副総支配人（Executive Assistant Manager，Resident Manager）

365日24時間休むことなく運営が継続されるホテルにおいては，規模や必要に応じて，総支配人の補佐として副総支配人の職が設けられる。外資系ホテルでは，副総支配人は，EAM（Executive Assistant Manager）またはレジデント・マネジャー（Resident Manager）と呼ばれる。前者は，先任の宿泊部長や料飲部長が兼務する場合に用いられることが多く，後者は，その名の通り住み込みの副総支配人を指したが，現在では単に専任副総支配人を指すことが多くなった。いずれにしても，副総支配人職は，次席である以上に，若手ホテル幹部の総支配人への登竜門としての意味合いが強い。

総支配人の4つの役割[5)]

国内外，外資系・日系の別なく総支配人の果たすべき役割は次の通りである。

「エンターティナー（接遇者）」としての役割（A）

総支配人は，重要顧客・VIP等に対して自ら直接的な接遇にあたると同時に，スタッフに対して様々な接遇に関する指示・助言をあたえ，ゲスト（guest＝顧客）の満足度を最大限に高める努力を払わなければならない。

「リーダー，教育者（トレーナー）」としての役割（B）

総支配人は，Excom（**7-1**）会議のみならず，社員全体会議やマネジャー会議などにおいて，ホテルの方向性，具体的施策，目標について絶えず自らの言葉で語り，メッセージを送り続ける必要がある。同時に，総支配人にはExcomメンバーに対して次代の総支配人としての教育を施すことが求められる。

「経営の代行者」としての役割（C）

総支配人に求められる第一義的な役割は，運営力を自ら有しないオーナーに代わって，ホテル経営の業務執行部分である運営を担うことにある。総支配人は，所管ホテルの事業収益性を高め，利益をオーナーにもたらすことを求められ，その他の3つの役割は，それを達成するための重要・不可欠な役割といえる。

「外交官」としての役割（D）

ホテルは，地域社会と密接にかかわりあうビジネスであり，地域業界団体，地域の行政と連携して地域振興にあたるホテルを代表する外交官としての役割を担っている。

図表7-2　総支配人が果たすべき4つの役割

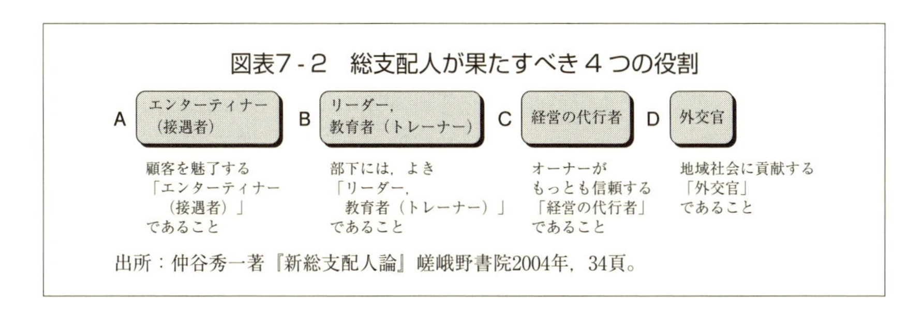

出所：仲谷秀一著『新総支配人論』嵯峨野書院2004年，34頁。

～コラム～　ホテルストーリー『外資系ホテル総支配人Ａ氏の一日』

各記述末の ABCD 表示は，前述した総支配人が果たすべき４つの役割の中から，記述に該当する項目を記号表示したものである。

200X 年Ｘ月Ｘ日（月曜日）

07:30　Ａ氏は，ホテル内のレジデンスから直接，朝食レストランに向かった。Ａ氏，43歳，世界的ホテルチェーンの日本人総支配人。総支配人にリブイン（live- in＝住み込み）を義務づけているチェーンの方針に従って，Ａ氏は，家族とともにホテルに住んでいる。文字通り職住近接というわけだ。(C)

08:00　月曜日朝は，ビジネス客も少なくレストランは閑散としている。ホールスタッフや，厨房に軽く声をかけたＡ氏は，長い渡り廊下を歩きながら，ロビーに向かった。ロビーには，チェックアウト待ちの航空会社のクルーがたむろしている。Ａ氏は，爽やかな笑顔で，すっかり顔なじみとなった機長と握手を交わす“Have a nice flight, Captain !!”。(A)(B)

08:30　ベルやドアマン，そしてフロント・クラークをねぎらい，自らのオフィスに入ったＡ氏は，ラップトップ PC を起動した。イントラネット上の営業情報に素早く，目を通す。部門毎の売上日報，予約情報，セールスレポート……，到着者一覧と宴会一覧はプリントアウトする。このホテルでは数年前から，営業情報を LAN（Local Area Network＝企業内統合通信網）で共有している。勿論，内部伝達や連絡は，メールや携帯で行いペーパレスが徹底されている。英字紙，５大紙を流し読みしているところに，Ａ氏用のブラックコーヒーを片手に秘書のＢ嬢が入ってくる。本日のスケジュールの確認。月曜日は，とりわけ会議の多い日で，午後には月例デパートメント・ヘッド・ミーティング（Department Head Meeting＝管理職会議）もあり，かなり忙しい一日になりそうだ。(B)(C)

09:00　ガラス張りの総支配人室の隣にしつらえられた，これまたガラス張りのボード・ルーム（Board Room ＝役員会議室）に部長達が入ってくる。宿泊，料飲，営業に会計，人事の各部長，加えてエグゼクティブ・シェフ（Executive Chef＝料理長）とチーフ・エンジニア（Chief Engineer＝施設部長）の面々だ。通称 Excom（Executive Committee＝最高幹部）と呼ばれるこれらのホテル幹部が毎朝顔をそろえ，当日の接遇から営業上の案件まで，デイリーで討議，総支配人が即断即決していく。営業部長Ｃ氏から，ここ数週間，宴会，宿泊のセールス実績が伸び悩んでいることへの対応策が提案される。宿泊，料飲部長もこれに同調，Ａ氏は，早速２日後の販売促進会議までにプランをまとめるようＣ氏に指示した。Ｃ氏は，地元老舗ホテルの営業課長から中途採用で入社３年目の37歳。Ａ氏は，Excom の中で，めきめき頭角を表したＣ氏を，近々副

総支配人に推薦しようと思っている。後継者の育成も，総支配人の大切な役割なのだ。(B)(C)

12:00 いつもより30分長くかかった朝会を終え，予定の面会２件をこなすともう昼前，今日は，オーナー派遣のＤ社長とランチ・ミーティングの予定だ。このホテルの親会社である大手電鉄とＡ氏の派遣元である世界的ホテルチェーンとはマネジメント契約を結んでおり，総支配人のＡ氏は，事業経営（運営）に関し代理執行の役割を担っている。オーナー側とのミーティングは，隔週開催で定例は次週なのだが，このところの経営環境の動きについてＤ社長と意見交換しておくほうがよいと判断して，インフォーマルなランチとなった。Ｄ氏は，Ａ氏より18歳年上だが，Ａ氏に全幅の信頼を置き，親会社との掛け橋になってくれる頼もしい存在だ。(C)

14:00 全部署の部課長を集めたデパートメント・ヘッド・ミーティング。部長経由の伝達のみならず直接課長に方針をつたえ意見を吸い上げるのが，このホテルチェーンのやり方だが，とりわけＡ氏はこれを重視している。もう一つＡ氏が重要視しているのは３ヶ月に一度の全体ミーティング。社員のみならず，パート・アルバイト，委託先派遣社員などの全館内従業員を３班にわけ，３日間連続で総支配人自らが直接メッセージを送る。結構，エネルギーを要するが，従業員一人一人の手応えが直に感じ取れるので，思わず力が入るというものだ。(B)(C)

16:00 会議を終えてほっと一息つく暇もなく市の経済局長からの電話。Ａ氏が仕掛けていたこの地域への集客プロジェクトに，市が全面的に支援してくれるとのこと。地域への貢献も総支配人にとって大切な仕事なのだ。(D)

18:00 お忍びで来日中の，東南アジア某王国のプリンセスが到着。かつてＡ氏が同チェーンの在外ホテルでレジデント・マネジャー（Resident Manager＝副総支配人）として勤務していた際，プリンセスに面識のあるＡ氏は，自ら玄関で出迎えプレジデンシャル・スィート（Presidential Suite＝貴賓室）に，ご案内した。
Ａ氏のホスピタリティあふれるもてなしを記憶に留めていたプリンセスに声をかけられたＡ氏，まさにホテルマン冥利につきる一瞬であった。(A)(D)

22:00 プリンセス主催の小規模だがゴージャスな晩餐会が無事お開きとなり，プリンセスご自身は，日本留学時代のご学友とトップラウンジでアフターを楽しんでおられるとの情報が入った。オフィスで一人，来週に向けてオーナーへの報告書に目を通しながら，今日も無事に済みそうだなと，独りつぶやいたＡ氏であった。(C)

出所：仲谷秀一著「新総支配人論」嵯峨野書院2004年，26～28頁。

Section
7-3 外資系，日系ホテル組織の相違点

職務分掌とジョブ・ディスクリプション，
宴会・ブライダル部門の位置づけ，
マーケティング部門の性格，アカウント・セールス，
MICE セールス，日本型総務部門

POINT

事業収益性の向上を目指し，成果主義にもとづく効率的運営を確立した世界的ホテル・チェーンの組織構造が，日本に適合するかどうかは未知数である。一方，老舗日系ホテルは，今尚，年功序列・終身雇用を前提にした非効率な日本型経営の組織構造を色濃く残し，体質の改善を求められる。今後，技術革新やホテル間競争の激化を前に，外資系・日系を問わず組織構造の見直しがせまられる。

職務分掌とジョブ・ディスクリプション

日系ホテル企業は，組織単位である部・課によって業務執行され，その業務内容は部・課単位の「職務分掌」の形で表現される。一方，外資系ホテルの母体である欧米ホテル企業は，「ジョブ・ディスクリプション」（**7-2**）という個人の成果目標と責任，その達成のために必要な権限を明記した職務記述書にもとづいて，業務が執行される。このように，外資系ホテルの組織は，ジョブ・ディスクリプションにもとづく個人の職務で表現されるに対し，日系ホテルの組織は，職務分掌で規定された集団の職務で表現される。部・課単位で構成する日本型組織は，組織が複雑化・細分化・肥大化し，機能的に運営することが妨げられる恐れがあった。管理をより重視する日本企業的体質を反映して，このことは管理部門で特に顕著となる。

複雑化した日本の料飲部門

宿泊を主体とした海外のホテル・チェーンに属する外資系ホテルでは，料飲部門を一括して設置する場合が多い。しかしながら日本国内においては，外資系ホテルといえども料飲主体のホテル業態を考慮し，日系ホテルを参考として，料飲部門を細分化する必要がある。まず料飲部門をレストラン部門と宴会部門に大きく2分割し，さらには宴会部門を一般宴会とブライダルに分割することも必要となる。

セールス＆マーケティング部門の性格

海外のホテルのセールス＆マーケティング部門は，マーケティング分析，広報，アカウント[6]・セールス，コンベンションなどの MICE セールス（**10-2**）などが主体で，人員数も限られる。一方，レストラン・宴会など料飲地元利用を促進する必要のある日本のホテルでは，広報・広告宣伝・イベント企画を担当するマーケテ

ィング部と並列して，企業・団体に対する日常的な「御用聞きセールス」を担当するセールス部が設けられることが多く，海外より人員数も多く配置される。

今後，日本国内では，外資系・日系ホテルともに料飲部門の複雑化するセールス＆マーケティング部門の再構築が，経営の成否を決する大きな課題となる。また，世代を問わず拡大の一途をたどるスマートフォンの普及とそれに伴うコミュニケーション手段の双方向性に対応した組織再編やレベニュー・マネジメントの中心的存在のレベニュー・マネジャーの位置づけを明確にした組織づくりが求められる。

日本型総務の役割

運営主体の外資系ホテルの組織には，日系ホテル企業に存在する株主に関する業務や，業界をはじめとした対外活動，社員や社内全般にまつわる横断的な諸問題を担当する総務部門がない場合が多い。日本型のホテル総務部門は，人事上の問題の他，拡大した料飲部門の安全確保，事故予防を目的として衛生管理，防災，防犯などに大きな役割を果たしている。

図表7-3　ホテルの攻撃型組織モデル

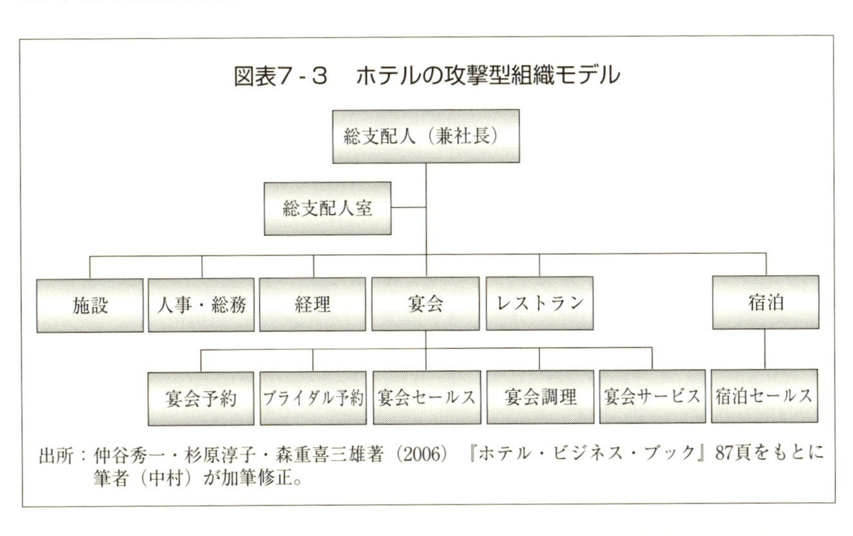

出所：仲谷秀一・杉原淳子・森重喜三雄著（2006）『ホテル・ビジネス・ブック』87頁をもとに筆者（中村）が加筆修正。

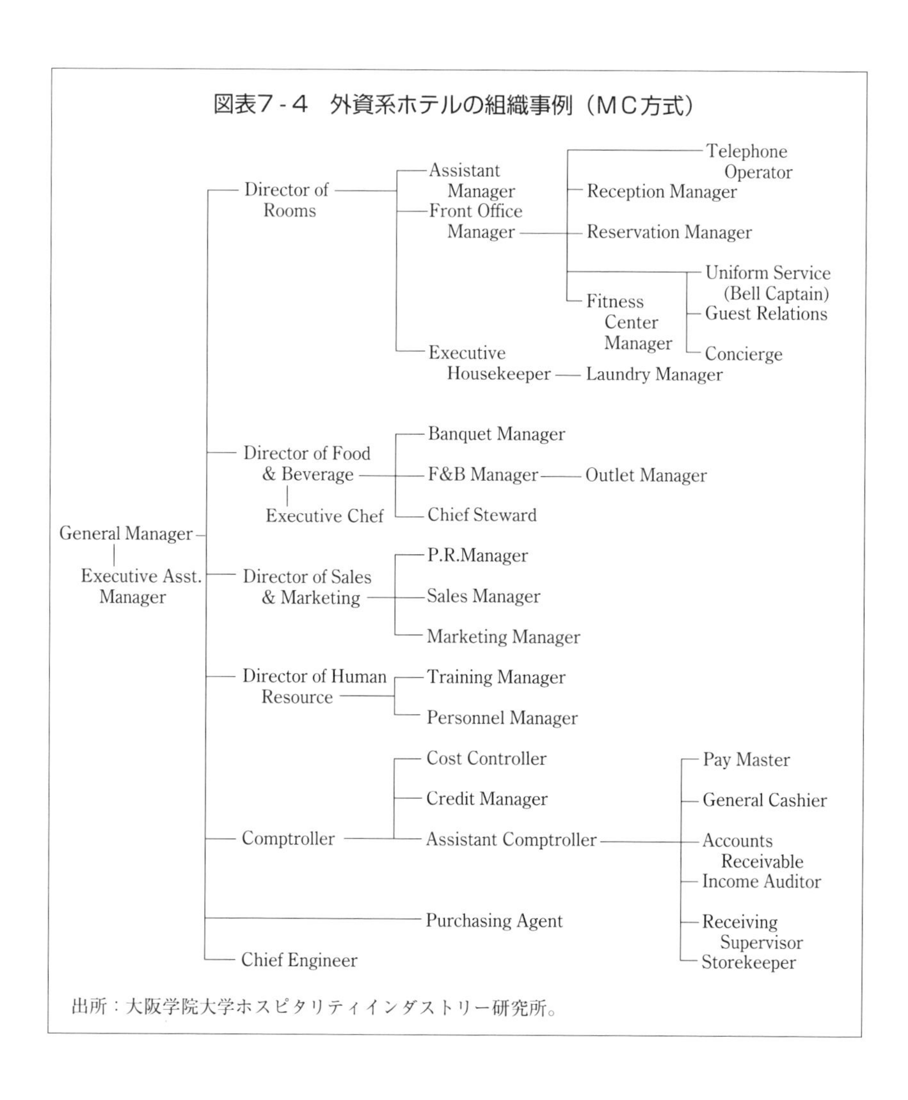

図表7-4　外資系ホテルの組織事例（ＭＣ方式）

出所：大阪学院大学ホスピタリティインダストリー研究所。

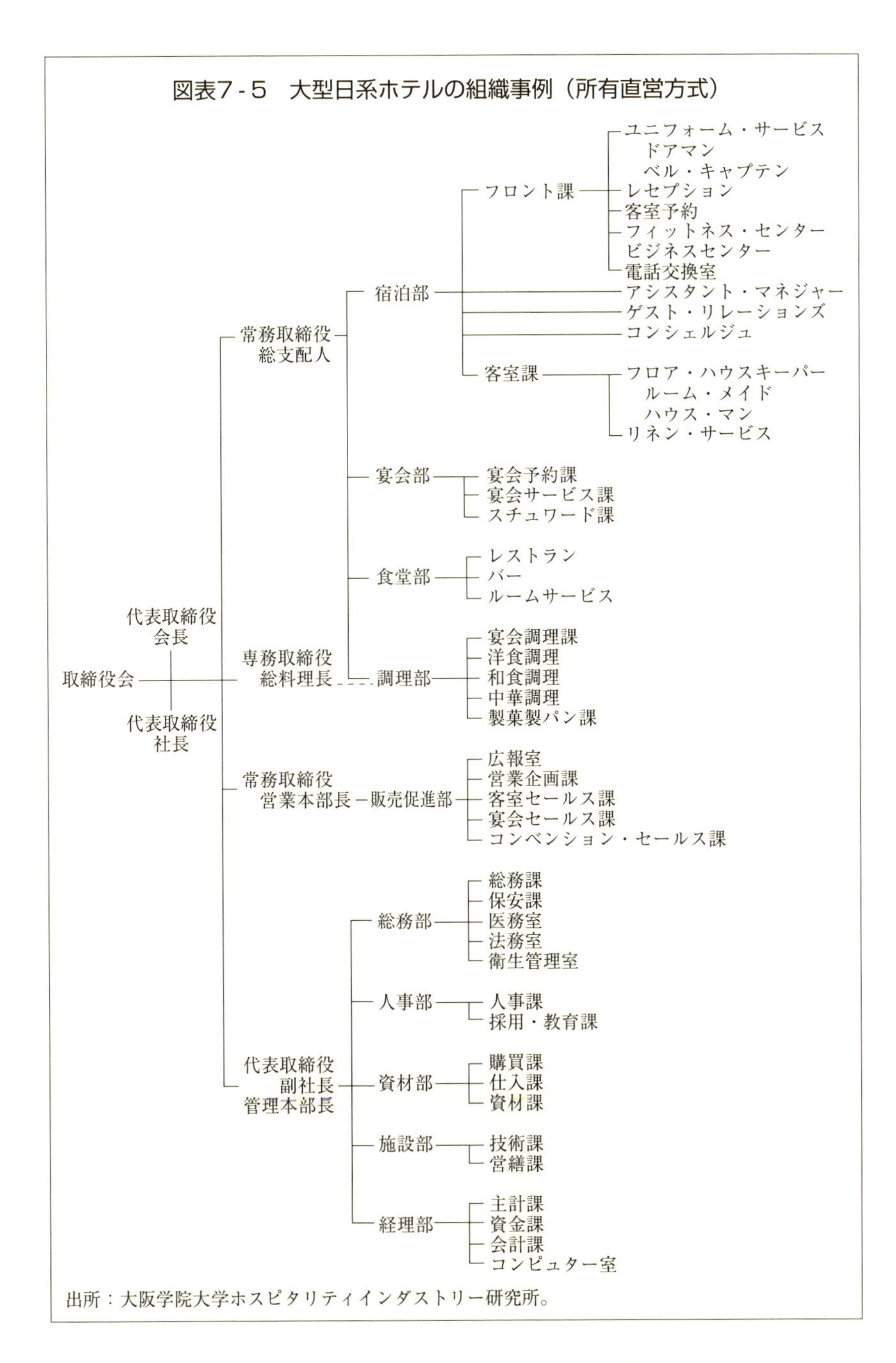

出所：大阪学院大学ホスピタリティインダストリー研究所。

Section
7-4

Key words

モテルの組織，駅前旅館の鉄筋版，伝統旅館の仕組み，総支配人と女将

小規模ホテルと旅館

POINT

本編でいうホテルの組織は，客室数300室～500室の４，５星クラスのホテルをモデルとしている。それ以外の価格帯のホテルや伝統的な日本旅館の組織は，より簡略されたものとなる。

米国における小規模ホテルの組織

米国では，客室数100室までの小規模なホテルでは，総支配人は，宿泊部門の責任者として，客室マネジャーや，フロント・マネジャーの役割を兼務することが多い。この種のホテルでは，副支配人が，レストラン・マネジャーを兼務することになる。このようなモテル形態のホテルでは，運営幹部は，２，３人であり，少数の職場リーダーが，これをサポートする[7)]。このように，米国では，経営規模に応じた適切な人員配置が徹底され，合理的なホテル経営が行われている。一方日本国内では小規模なホテルであっても，管理部門・収益部門ともに，幹部を重厚に配置することの多いケースもあり，迅速な業務の遂行の障害となるばかりでなく，人件費負担増の原因ともなっていた。

駅前旅館の現代版，ビジネス・ホテルの省力経営

高度経済成長期に姿を消していったビジネス出張客を対象とした駅前旅館は，ライフスタイルの変化に従い，次々と姿を消し，代わってビジネス・ホテルが登場した。バブル崩壊後，高価格帯ホテルの利用減は，安価なビジネス・ホテルの躍進につながり，チェーン化したこれらのホテルが，都市周辺の鉄道駅前に現代版「鉄筋の駅前旅館」として再現した。ビジネス・ホテル・チェーンの中には，「駅から近い交通立地のよさと近代的なホテル施設とともに，昔の駅前旅館並の庶民的な値段と気取らないアットホームなサービス」をというコンセプトのもとに展開をはかるものもあらわれた。これらのホテルの特徴は，レストラン・レベルの料飲施設をもたず，徹底して宿泊に特化し，朝食は，パンまたはおにぎりにジュース，コーヒー，味噌汁を無料または宿泊料に込みで提供して，プロフェッショナルな料飲部門によるコスト増を抑えていることである。人員構成は，100室から200室のホテルで，支配人・フロント課員を中心に平均７～15人におさえ，高収益率を可能にした。

伝統旅館における経営の仕組み

日本の伝統旅館の多くは，家族で経営されるいわばファミリー・ビジネスであり，数代から10数代，中には創業以来数百年をさかのぼるものもある。経営の枠組みは，財務・渉外を担当する社長に対し，夫人が「女将」として運営の責任者をつとめることが多い。伝統旅館の特長は，女将・仲居による直接的な「おもてなし」型サービスである。女将は，ホテルにおける総支配人に相当し，仲居は，ベル兼ハウスキーピング兼ウェイトレスに相当する。草創期における，日本のホテルのサービス・レベルの高さは，伝統旅館の女将・仲居のDNAが色濃く反映されたものと思われる。旅館の運営組織は，外資系ホテルの総支配人と同様に女将に一元化されたシンプルな構造である。だが，日常業務の積み重ねを通じた経験にもとづき，ややもすれば非効率的になりがちな側面も見受けられることから，今後，基本的な部分で運営のシステム化が課題となろう。

チームベースの旅館運営の仕組み

伝統的な旅館の特徴であった分業化を見直して業務を効率化するため，チームを基本とした組織づくりが近年話題となっている。星野リゾートでは，組織をフラット化[8)]しチーム単位で複数の職務を並行してこなす運営体制をとっている。組織をフラット化することにより，経営者と顧客の距離が近くなり柔軟性のある接客ができると共に現場主導型の運営になるため，現場のリーダーが育ちやすくなる。チームはそれぞれユニットとよばれ，従来の部門の役割を果たすが，その分類は「サービスユニット」「営業ユニット」など伝統的な部門分類の枠にとらわれない。フラット組織は運営の効率化を促進する反面，多重職種の兼務（マルチタスク）等によるスタッフの疲弊等のマイナス効果も指摘されている。

図表7-6　旅館運営の新形態組織

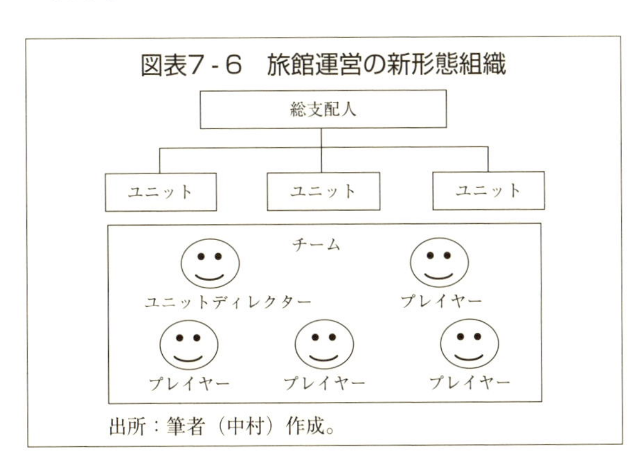

出所：筆者（中村）作成。

■注　　記

1）グローバル・スタンダード（Global Standard）→世界で通用する標準。この場合世界のホテルで一般的に採用されている運営組織，運営システムを指す。

2）カスタマイズ（Customize）→自分の好みに応じて作りかえること。この場合は世界で一般的に採用されているホテル組織に，日本特有の部門売上構成，マーケット，労働事情などを勘案して修正を加えることをいう。

3）ジョブ・ディスクリプション（Job Description）→職務記述書。上司と部下が年1回，取り交わす一種の職務契約書，予算，業務課題，およびその達成のために必要な責任，権限を盛り込んだ職務内容が列記される。

4）リブイン（Live-in）→住み込み勤務のこと。世界的ホテル運営企業の多くは，総支配人のリブインを義務づけている。総支配人は，家族とともにホテル内のレジデンス（Residence＝住宅）に居住する。

5）仲谷秀一著『新総支配人論』第3章，嵯峨野書院，2004年，33-43頁。

6）アカウント（Account）→企業と提携する宿泊を中心とした年間割引料金の契約口座。

7）Tom Powers, Clayton W. Barrows, “Introduction to the Hospitality Industry”（John Wiley & Sons, Inc. 1999）pp.277-278.

8）フラット化→中間管理職を廃して総支配人や部門長が直接スタッフを管理指導する組織形態。反対がピラミッド型組織。

Menu
Chapter 8
宿泊部門の仕事

Section
8-1 宿泊部門の仕事

Key words

宿泊部長，フロント・オフィス・マネジャー，客室マネジャー

POINT

宿泊部門は，料飲強化の傾向にある日本のホテル・ビジネスにおいても，海外と同様に本来的な宿泊業としての社会的な存在意義，またその部門収益率の高さにおいて，ホテルの基幹部門であることに変わりはない。宿泊業務は，外資系ホテル，日系ホテルの区別なく，国内のホテルおいて，最もインターナショナルな色彩が濃い部門といえる。

宿泊部門（Rooms Division）

宿泊部門は，客室の予約・受付・案内・会計などの業務を行うフロント・オフィスと，客室の維持管理を主要な業務とするハウス・キーピングに大別される。これらの業務を行うに際し，ゲスト満足を目指した接遇の実践，すなわちホスピタリティが求められる。

しかしながら，宿泊部門は，宿泊客接遇，客室の維持管理などの主要な業務内容から単にサービス機能を提供する部門と思われがちであるが，むしろそれらは部門収益を確保するための重要なプロセスであると考えるべきであろう。今後，ホテル間競争が激化し，顧客のホテルに対する選別が厳しくなる環境下において，接遇を販売活動の一環としてとらえ，また宿泊施設の維持管理を快適な宿泊商品の価値創造とする視点が一段と重要性をもつと思われる。

宿泊部長（Director of Rooms）

宿泊部門の運営を統括し，その収益責任を負うのは宿泊部長であり，海外のホテルでは料飲部長と並んで総支配人への登竜門とされる重要なポジションである。その意味で，宿泊部長は，外資系ホテルでは，Excom（**7-1**）メンバーに位置づけられ，場合によっては総支配人を補佐する副総支配人を兼務することも珍しくはない。

フロント・オフィス（Front Office）

レセプション（受付・会計），客室予約，玄関ロビー廻りの案内サービス，電話交換をはじめとして，ビジネス・センター，フィットネス・センターなど多様な宿泊関連施設の運営を所管する。

フロント・オフィス・マネジャー（Front Office Manager）

フロント・オフィスを統括し，宿泊客への接遇，客室の販売に関して直接的な責任を負う。日系ホテルでは宿泊課長と表現されることも多い。一般的に日系ホテルに比べ，外資系ホテルの方が所管する業務範囲が広く，ハウス・キーピングと部門を分割した場合においては，この部門を狭義に宿泊部長と称する場合もある。

ハウスキーピング（Housekeeping）

一般的に，客室の清掃・整備を中心に，ロビー・客室廊下等の館内清掃を担当するセクションと位置づけられている。しかしながら，Housekeeping の本来の意味である「家政」が示すように，清掃・館内整備という手段を通じて宿泊客が「いかに快適にすごせるか」について施設のあり方をトータルで考え，実現するセクションである。

客室マネジャー（Executive Housekeeper）

ハウスキーピング部門を統括する。海外の高級ホテルにおいては，客室の快適性がホテルの評価を決める大きな要因になりうることから，これを重要視するホテルの場合は，客室マネジャーを客室部長と位置づけ，宿泊部長とは別に，Excom メンバーに入れることもある。

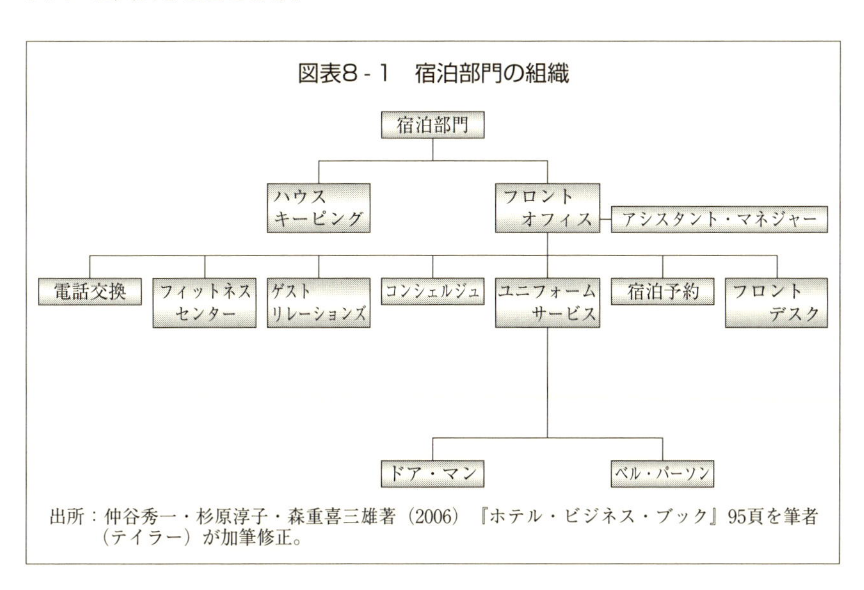

図表8-1　宿泊部門の組織

出所：仲谷秀一・杉原淳子・森重喜三雄著（2006）『ホテル・ビジネス・ブック』95頁を筆者（テイラー）が加筆修正。

Section

8-2

Key words

フロント・デスク，チェック・イン＆チェック・アウト，レセプション・クラーク，フロント・キャッシャー，宿泊予約，イールド，レベニュー・マネジメント，レベニュー・マネジャー，宿泊販売指標，アシスタント・マネジャー，ゲスト・リレーションズ，ビジネス・センター，バトラー

フロント・オフィスの仕事

POINT

フロント・オフィスでは，宿泊客の客室利用に関する手続きや館内外の案内が主たる日常業務となることから，他セクション以上に明るく爽やかな接客マナー，外国語力，IT 対応が要求される。加えて宿泊予約では，近年，販売担当としての性格が，より強調されるようになり，以前に増してマーケティングの視点が意識されるようになった。

フロント・デスク（Front Desk）

レセプション・デスク（Reception Desk）とも称する。フロント・デスクを担当するスタッフは，チェック・イン[1)]を担当するレセプション・クラーク（Reception Clerk, Receptionist）とチェック・アウト[2)]や両替を担当するキャッシャー（Cashier）に分かれる。しかしながら，近年，パソコン（Personal Computer）を利用したフロント情報システムの導入とともにレセプション・クラークが一括してフロント業務を行うことが一般的となった。この他，営業報告書の作成や，館内案内・メッセージ・郵便・ファックス等，宿泊客に関する各種のサービスも担当する。

フロント・デスクの仕事は，24時間 3 交代ないし，2 交代で行い，大規模ホテルの場合，専任のレセプション・マネジャー（Reception Manager）[3)]が統括する。かつて「ホテルの顔」ともいわれたフロント・デスクの仕事ではあるが，幹部候補の若手社員が接客体験やビジネス視点を身につけるための初期におけるキャリア形成の場，ないしは語学力・接客力を活かそうとするスペシャリスト志向のスタッフがスキルを磨くキャリア・パス（**12-1**）的な職場として位置づけられるべきであろう。

宿泊予約（Room Reservation）

利用者や旅行代理店など予約代行者からの予約を受付けて，諸手配を担当する。近年は，単なる予約受付の枠を越え，客室販売効率を高めるイールド・マネジメント（Yield Management）の考えが強調されるようになった（**6-2**）。イールド・マネジメントは，客室売上の最大化をはかることを，より意識してレベニュー・マネジメント（Revenue Management）と呼ばれることもあり，宿泊予約を所管するリザベーション・マネジャー（Reservation Manager）を，レベニュー・マネジャー（Revenue Manager）と称するホテルもある。このように，レベニュー・マネジメントの導入により，客室販売指標も，従来の客室稼働率，ADRのみならず，RevPAR（**1-2**）が重要視されるようになった。

宿泊予約の業務を担当するリザベーション・クラーク（Reservation Clerk）は，フロント・デスクやセールス経験者が，キャリア・ステップとして配されることも多い。

アシスタント・マネジャー（Assistant Manager）

アシスタント・マネジャーは，24時間シフト勤務で重要なゲストの接遇や苦情の処理にあたる。深夜の専任マネジャーをナイト・マネジャー（Night Manager）と称する場合もある。アシタント・マネジャーは，フロント・デスクのベテラン・クラークの専門管理職[4)]への進路と位置づけられる。

ゲスト・リレーションズ（Guest Relations）

アシスタント・マネジャーと同様に，宿泊客の特別な要望に応える接遇のスペシャリストである。通常，ロビーの専用接遇デスクに常駐するが，ビジネス・センター[5)]，クラブ・フロア[6)]を兼務する場合もある。ゲスト・リレーションズとコンシェルジュ（**8-3**）の明確な区別はないが，前者が主として宿泊客のビジネス活動をサポートするのに対し，後者は余暇をサポートし，ホテルによっては，どちらかの名称で両方の業務を総合して担当する場合や，逆に両方を並列して設置する場合もある。ゲスト・リレーションズは，フロント・デスクからステップ・アップした語学力や接遇スキルの高いスタッフが配置されることが多い。

バトラー（Butler＝執事）

欧米の大邸宅において，主人の日常生活をサポートするスペシャリスト。料理・ワインの知識・サービスにも精通している。超高級ホテルでは，貴賓室を担当する専属サービス員として配置されている。

図表8-2　客室販売指標

・ADR ＝総客室売上÷販売客室数
・客室稼働率＝販売客室数÷総客室数（販売可能）×100％
・RevPAR ＝総客室売上÷総客室数（販売可能）
　　or ADR ×客室稼働率

Section
8-3

Key words
ユニフォーム・サービス，ベル・パーソン，ドア・マン，コンシェルジュ，電話交換クラーク，フィットネス・センター

その他フロント・オフィス関連の仕事

POINT

ベル・パーソンやドア・マンなどのユニフォーム・サービスや，コンシェルジュは，宿泊客との接点が多く，接客業務を主体とする業務である。その他，電話交換やフィットネス・センターなど，多様な仕事がある。

ユニフォーム・サービス（Uniform Service）

文字通りミリタリー[7)]調のユニフォームを着用し，宿泊客の接遇にあたることからユニフォーム・サービスと呼ばれる。ユニフォーム・サービスには，宿泊客の客室への案内・荷物運びを担当するベル・パーソン（Bell Person），その責任者であるベル・キャプテン（Bell Captain），玄関にて車廻りの世話を担当するドア・マン（Doorman）が属している。

ベル・パーソンは，フロント・デスクと同様に24時間交代制で勤務するが，職種的にはエントリーレベル（**12-1**）の業務であり，新入社員の研修，ないしは国内外でホテル業界を目指す学生のアルバイト，インターンシップによる初歩的実務体験の場として位置づけられている。欧米におけるベル・パーソンの仕事は，宿泊客の荷物運びが中心の単純労働であるのに対して，日本では宿泊客の客室や館内案内等の接遇にも重点が置かれ，ゲスト・リレーションズに近い，より高度な接客業務と位置づけられている。これは，日本旅館における女将や仲居による「おもてなし」文化が日本のホテルの草創期から色濃く反映したものと思われる。ベル・パーソンは，かつて宿泊客の館内呼び出しを担当していたことからページ（Page）とも呼ばれていた。

ドア・マンは，日本の老舗ホテルでは，文字通り玄関の顔として顧客の顔，名前，乗用車まで識別できるスペシャリストとして確立していたが，近年は外資系ホテルを中心に，不特定多数に快適な接遇ができる若手スタッフをあてることが多い。

コンシェルジュ（Concierge）

宿泊客のプライベートな食事・観光・観劇・鑑賞・買物などの相談に応え，快適な滞在をサポートする。海外では，短期では取得不可能な人気観劇チケットの手配をはじめとして，宿泊客の希望があれば飛行機一機，象一頭をも買う手配ができるなど，人脈・手配力を示す逸話も多い。日本では，より身近な余暇情報の相談係りとしての性格が強く，接遇サービスの経験豊富なホテル・スタッフや航空業界から転職するスペシャリストの主要な職種となっている。コンシェルジュは，フランス語で，元来はアパートやマンションの管理人を意味し，襟につけた万国共通の鍵のマークにその名残を見ることができる。

電話交換（Telephone Operating Office）

PBX[8)]の発達とともに，発信電話交換業務自体が，全自動となったことから館外からホテルへの着信の取り次ぎ，館内からの各種問い合わせが主要な仕事となった。電話交換技能とともに，外国語を含むコミュニケーション能力，客用・業務用の館内知識が要求される。ホテル内では珍しい女性だけの職場であり，通常24時間交代制で勤務することが多いが，深夜に限り，フロント・デスクが代行する場合もある。電話交換クラーク（Telephone Operator）は，専門職として位置づけられ，これを統括するマネジャーを置く場合もある。

フィットネス・センター（Fitness Center）

ビジネス宿泊客のためのトレーニング器具を備えた健康維持施設。海外では，ビジネス・パーソンが，健康管理のためトレーニングすることが日常的であり，ビジネス客が多く宿泊する４星以上のホテルには不可欠な施設となる。

センター・スタッフは，通常，ユニフォーム・サービスに準じた業務となるが，トレーニング器具の簡単な操作知識が必要となる。規模が大きいものや，地元客から会員を募る会員制ヘルスクラブを兼ねる施設には，マネジャーや専任サービス・スタッフはもとより，専門知識・技能を有するトレーナーや看護師などを置く場合もある。

Section

8-4 ハウスキーピングの仕事

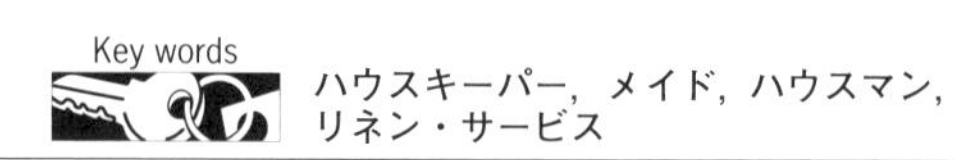

Key words ハウスキーパー，メイド，ハウスマン，リネン・サービス

POINT

客室や館内の清掃・整備を通じてゲストの快適な滞在につとめる。文字通り縁の下の力持ちを体現する地味なセクションのように思われがちであるが，ゲストのニーズを事前に察知し，人的な対面式サービスによらず，間接的にゲストの満足を可能にする。直接的なホスピタリティに対し，間接的なホスピタリティの実践といえる。

ハウスキーパー（Housekeeper）とメイド（Chambermaid＝客室係）

客室の清掃，備品の整備を行う。日本のホテルでは，清掃の最終チェックと客室の維持管理を行うホテル社員の客室係り，清掃と備品の補充を行う客室清掃係に業務が分かれる。前者をハウスキーパー（Housekeeper）やルーム・チェッカーとよぶ場合が多く，後者はルーム・クリーナーと呼び，海外のようにメイドという言葉を使うことは稀になった。日本国内のホテルでは，客室清掃係を，アウトソーシング[9)]することが主流となっている。

ハウスマン（Houseman＝館内清掃担当）

メイド同様，日本のホテルでは死語となりつつある。ロビー，廊下など客用スペースの清掃にあたる。館内清掃係についても，アウトソーシングするケースが増えているが，安易な委託はコスト増につながる危険性もはらんでいる。

リネン・サービス（Linen Service＝衣料・洗濯担当）

客室のシーツ・タオル類，料飲部門のテーブルクロス・ナフキンなど業務用のリネン類の洗濯，コスチュームの管理を担当する。加えて宿泊客の衣類のクリーニングやプレスなどの有料サービスも請け負う。クリーニング業務は，経験を積んだ専門的なスキルを要求されることからホテル単体での人材確保が困難な傾向にありアウトソーシングされる場合もある。日系ホテルでは，宿泊から独立して管理部門に属する場合も少なくない。

ハウスキーピングの役割

ハウスキーピングの役割はともすれば清掃業務であると解釈されがちであるが，実際はホテルの商品を創造する商品造成部門である。顧客が快適に過ごすことができる空間として客室を整えることはすなわちホテルの商品を創ることに他ならない。ホテルではチェックアウト時間が11時～12時であることが多く，午後 2 時～ 3 時のチェックイン時間までにハウスキーピング部門では商品造成を完了しなくてはならない。そこで，日々稼働率によって異なる造成客室数を把握して適切な人員配置をすることが求められる。一般的なフルサービス・ホテルにおける稼働客室当たり20分の就業時間が平均的である。

メンテナンスとディープクリーニング

ハウスキーピング部門では，ホテル館内の安全維持のため施設部と協力して破損設備や危険が予測される箇所などの修理補修を行い，顧客の安全を守ることに努める。また，日々の清掃に加えて年間を通じてディープクリーニング[10] を行っている。これはカーペットのシミ落とし，壁のくすみ落とし，エアコンフィルターの洗浄，など多岐に渡る。

■注　記

1）チェック・イン（Check-in）→宿泊手続き。

2）チェック・アウト（Check-out）→宿泊勘定の支払い。

3）レセプション・マネジャー（Reception Manager）→フロント課長または課長代理に相当。

4）専門管理職→部署の業務を統括する管理職に対して，接客や販売など専門分野で力を発揮する管理職待遇の幹部社員。

5）ビジネス・センター（Business Center）→ビジネス宿泊客のために設けられた，ビジネスサポート施設。パソコンおよび周辺機器，小会議室などが整備されており，通訳・翻訳，コピー，名刺作成などのサービスを受けることができる。

6）クラブ・フロア→ホテル内のファースト・クラスともいうべき特別階，専用ラウンジを設けていることが多い。

7）ミリタリー（Military）→軍人

8）PBX（Private Branch Exchange）→構内電話交換機

9）アウトソーシング（Outsourcing）→業務の外部委託。業務を外部企業に委託することによるコスト削減，外部資源の有効活用が狙い。ホテルにおいても作業的業務から情報システム，建物・設備管理などの高度な業務まで，幅広くアウトソーシングが進んでいる。

10）ディープクリーニング→日々の清掃では行き届かない汚れをおとすための集中清掃作業。

Chapter 9

料飲部門の仕事

Section
9-1

Key words

F&B，料飲部長，総料理長，ケータリング

料飲部門の仕事

POINT

海外のホテルでは，料飲を，Food（料理）& Beverage（飲料）と表現し，宴会部門およびレストラン部門を包括して料飲部門という。日本のホテルの場合，料飲部門を分割し，レストラン部門とは別に宴会を独立した部門として設けることが多いが，外資系ホテルでは，海外の例にならいレストラン・宴会を包括して広義に料飲部門と位置づけている。

料飲部門（F&B＝Food & Beverage Division）

料飲部門は，レストラン・宴会・調理の各部門で構成される。海外では，総売上の30～40%にとどまる料飲部門ではあっても，高級ホテルでは，顧客評価の基準となることから，ホテル経営者は，この部門を重要視する。料飲売上が，総売上の70%を占める国内の多くのホテルでは，重要度はさらに増す。日本では宴会部門は，さらに一般宴会とブライダルに分割される。

料飲部長（Director of Food & Beverage）

欧米では，料飲部門を統括する料飲部長のポジション（Position＝位置）は，総支配人への登竜門ともいわれる。しかし，宴会・ブライダル主体の日本の料飲部門に対応するには，海外経験の豊富な外国人料飲部長にとっては，必ずしも容易ではない。一方，日本では料飲部門は，専門職の領域と思われていたため，ホテル幹部の中に料飲部門の管理運営に関し，見識が高い人材が多いとはいえない。今後，外資系，日系を問わず日本国内のホテルにおいては，料飲部長は総支配人とともに，人材育成の大きな課題となると思われる。

総料理長（Executive Chef）

わが国のホテルにおいて，総料理長は，総支配人と肩をならべる職位に位置づけられることも多いが，欧米では料飲部長の次席となる。調理部門を統括し，すべてのコックを指導・管理する。日本の総料理長が，芸術家的性格をより色濃くもっているのに対し，欧米では，技術系管理者の要素が高く，総料理長から料飲部長，さらに総支配人へのキャリア・アップすることもある。

レストラン部門（Restaurants Department）

レストラン部門は，ホテル内のレストランとバーを所管し，宿泊客への食事提供のみならず，地元客を対象とした外食業として機能している。日本では，外食業的側面がより強く，ホテル・レストランの売上規模もホテル総売上の約3分の1を占めている。

宴会部門（Banquet Department）

海外では，宴会をコンベンションやパーティへの部屋貸しと捉え，料理・飲料は，多くの場合ケータリング（Catering＝仕出し）として提供される。一方日本では，伝統的な料理旅館・料亭文化の影響により，宴会の中に，当初から料理・飲料の提供が含まれる。日本型宴会は，法人・団体を対象とする一般宴会と，個人を対象とするブライダル宴会に分けられる。

調理部門（Main Kitchen）

調理部門は，総料理長が統括し，主として宴会部門の調理を担当する。同時にレストラン部門への調理原材料の提供，シェフ（**9-2**）やコック（**9-2**）の派遣を行う。近年は，パン，ケーキ，惣菜など外販商品の製造にも力を入れるようになり，調理部門の業務範囲は広がりを見せている。

図表9-1　料飲部門の組織

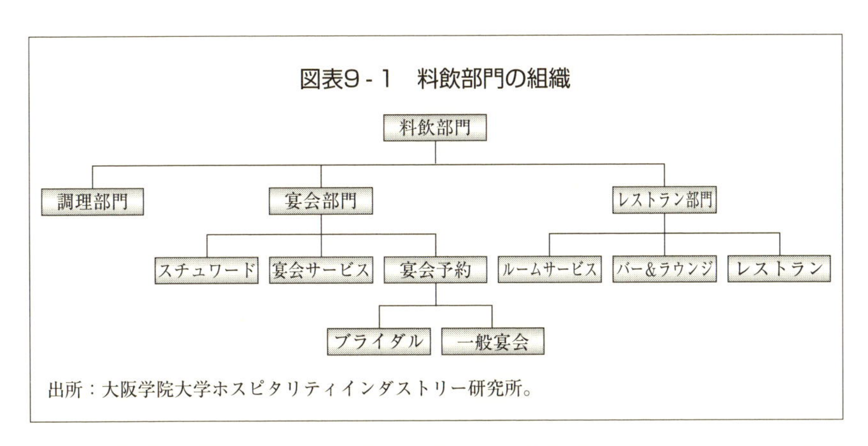

出所：大阪学院大学ホスピタリティインダストリー研究所。

Section

9-2

Key words 
レストラン統括マネジャー，アウトレット・マネジャー，メートル・ドテル，ソムリエ，バーテンダー，レストラン・シェフ，委託レストラン，ルーム・サービス

レストラン&バーの仕事

POINT

宿泊客への食事の提供のみならず，日本のホテルのレストランやバーは，地元客の交流の場としての役割を担い，館内店舗数も欧米のホテルより多く，バラエティに富んでいる。この部門の仕事は，料理サービス，飲料サービス，調理と幅広いが，マネジメント志向の人材が，恒常的に不足しており，マネジャー候補者の人材ニーズは高い。

レストラン部門（Restaurants Department）

レストラン部門の運営責任者は，レストラン統括マネジャー（Restaurants Manager）であるが，この部門のアウトレット[1)]数と売上規模が大きい日本のホテルの場合は，部門自体を部に位置づけ，責任者を料飲部長もしくはレストラン部長（Director of Restaurants）と称する場合もある。

レストラン&バー（Restaurant & Bar）

ホテル内には，メイン・ダイニング，コーヒーハウス，スペシャリティ・レストランをはじめ様々のレストラン，バー・ラウンジがある。国内のホテルでは，外資系，日系を問わず，レストラン利用客に占める地元食事客の割合が80%を占める。

アウトレット・マネジャー（Outlet Manager）

レストラン&バーなどアウトレット（店舗）ごとに，マネジャーが配される。アウトレット・マネジャーは，かつてはサービスのクオリティ向上・維持を責務とする専門職的な仕事であったが，現在はスタッフの教育，顧客管理，収益管理を職務とする第一線のマネジメント（経営者）として期待されている。

料理サービス

マネジャーの下には，サービス業務のリーダーとしてメートル・ドテル（英語：Head Waiter，仏語：Maitre d'hôtel）およびウェイター，ウェイトレスなどのサービス・スタッフが配置される。これは西洋料理・日本料理・中国料理も同様である。

飲料サービス

高級レストランには，ワイン担当の専門職としてソムリエ（仏語：Sommelier）

が配置され，上質なテーブル・サービスとともに飲料の販売促進をになう。ソムリエは，知識・技術の他，高度な接客技術やワイン鑑定に必要な鋭敏な嗅覚を要する。主要なレストランや，バーやラウンジには，通常，カクテルや酒類のスペシャリストとしてバーテンダー（Bartender）が配される。バーテンダーもソムリエ同様，知識・技術・接客力を要求される。

シェフ[2)]（英語：Chief Cook，仏語：Chef de Cuisine）とコック

レストラン・シェフ（料理長）は，組織によっては，レストラン部門に所属する場合もあるが，通常調理部門からコック（料理人）とともに派遣され，メニューの開発，調理を担当する。

委託レストラン

ホテルは，直営レストランの他に，外部の有力レストランを，テナントとして誘致する場合がある。老舗日本料理店，中国料理店をはじめ最近では，高級フランス料理店などブランド力がある有名店がホテル内に出店している。これにより，ホテル側は，自社での業態開発が困難な有名専門レストランのサービスや料理を顧客に提供でき，またレストラン側は，ホテルの集客力を利用できるなど，双方にメリットがあり，加えてお互いのブランド力の相乗効果も期待できる。

ルーム・サービス（Room Service）

宿泊客が，自室で食事ができるルーム・サービスは，国際的なホテルでは24時間営業であることも珍しくない。ルーム・サービスは，客の注文を聞くオーダー・テイカー（Order Taker），料理をサービス・ワゴンに用意する配膳係りのディスパッチャー（Dispatcher），およびサービス・スタッフからなる。

外販ショップ

ホテイチ・ショップ[3)]，パン・ケーキ・ショップ，レストラン付属の販売コーナーまで，様々な業態があるが，ホテルの調理部門で製造される食品を販売する。こうしたショップでは，レストランのサービス・スタッフが販売を兼務する場合もあるが，ホテイチ・ショップのような専門店には専属の販売員が配される。

Section
9-3

Key words
宴会統括マネジャー，配膳会，出張宴会サービス，スチュワード，ブリケージ

宴会サービスとスチュワードの仕事

POINT

宴会予約が予約・手配・販売を担当するのに対し，宴会サービスは，現場のサービス，スチュワードは，現場の什器・備品の管理を担当する。宴会サービスに対する顧客評価が宴会受注に大きな影響を与え，スチュワードは，ブリケージ（Breakage＝食器破損）による損失を極限まで抑えることによって，隠れた収益部門となりうる。

宴会部門の位置づけ

外資系ホテルでは，宴会部門は，サービス業務と予約業務からなり，宴会統括マネジャー（Banquet Manager, Catering Manager）が統括する。日系ホテルでは，宴会部として独立して位置づけられ，その責任者を宴会部長（Director of Banquet, Director of Catering）と称することもある。

宴会サービスの仕事

MICE（**10-2**）に代表される国際的，全国的大型宴会と異なり，日本型宴会は，企業・団体の歳時的な行事や個人の結婚披露宴のように，セレモニー的な色合いが濃い。従って宴会サービスにおいては，宴会の進行や準備作業はもとより，宴会開始直前，お開き直後の，主催者，主賓への出迎え，お見送りなどきめ細かい配慮を要求される。

宴会サービス担当の資質

マネジャー，キャプテンなど宴会サービス担当に求められるのは，プロトコル[4)]にもとづく会場のセッティング（Setting＝食器・什器の準備），宴会の進行，サービス技術，料飲知識，サービス員の指揮などの業務遂行力である。しかし，こうした業務では，フォーマルで礼儀正しいサービスは身についたとしても，個々のゲストを楽しませるスキルが開発されにくい。こういったデメリットを是正し，広い視野をもつ料飲サービス専門幹部を育成するためにも，レストラン部門のサービス員との人材交流が望ましい。

宴会サービス要員のアウトソーシング（Outsourcing＝外部委託）

宴会サービスでは，ホテル・スタッフは主にキャプテンなどのリーダーを勤め，ウェイター，ウェイトレスなどサービス員は，宴会の繁閑に応じて，配膳会[5)]等の

派遣会社からアウトソーシングされることが多い。

出張宴会サービス（Catering Service）の仕事

海外では，ホテル内部，外部にかかわらず宴会・パーティ（Banquet）に，料理・飲料のサービスを提供することを，一般的にケータリング（Catering）と呼ぶが，日本ではホテル外部への出張宴会をさす場合が多い。日本では，企業の社屋や工場等の竣工式などへの出張宴会ニーズは大きい。ホテル施設によらず収益を伸ばすことができることから，これに注目するホテルも多い。出張宴会サービスは，通常，宴会サービス担当がこれにあたるが，打ち合わせから当日サービスまで一貫して担当する出張宴会専任スタッフを設けるホテルもある。運営にあたっては，保冷車などの料理運搬車を使用し，サービス員はもとよりコック，バーテンダーを動員することもある。また野外の大型出張においては，提携するテント設営業者の協力も必要となる。

スチュワード（Steward）[6)]の仕事

料理メニューの手配にともなって，皿・グラス・ナイフ・フォークの必要数を的確に調理場または宴会場に用意する。食器の調達，整理・整頓，員数管理，洗浄メンテナンスなど，経験と専門技術を必要とする業務である。料飲関連部署で発生する食器の破損や紛失などブリケージ（Breakage）は売上の2～3％にもなり，これを防ぐことにより部門利益率は向上する。幾分，地味な職務であり社内での人材育成は難しいことから，最近は専門のアウトソーシング会社に委託するケースも増えている。

図表9-2　スチュワードのアウトソーシング事例

アウトソーシング導入により，①ブリケージの低減　②洗浄用洗剤の使用量低減，③熟練人材投入による人件費低減など，経費の節減効果の他，④食器・什器の管理強化による，サービス・調理部門の作業効率向上など波及効果が期待できる。

■一括業務委託の洗剤使用量の変化
洗浄機：ラックコンベアータイプ/使用年数：3年
洗浄場所：洋食レストラン/客席数：200席

	当初	2ヵ月後
入客数	3万48人	3万3,565人
洗剤使用量	402.0kg（粉体5.0kg）	282.0kg（粉体5.0kg）
使用金額	19万4,568円／月	13万6,488円／月
洗剤1kg当たり	74.75人分	119.02人分
客1名当たり	6.47円	4.07円

出所：株式会社セントラルサービスシステム。

Section

9-4

Key words

一般宴会予約，ブライダル予約，
ブライダル・コーディネーター，ウェディング・プランナー

宴会予約の仕事

POINT

本来は宴会部門の予約・手配を担当するセクションであるが，現在は販売部門であることが，より強調され，宿泊予約と同様，「収益の最大化」を目指すレベニュー・マネジメントの発想を要求されるようになった。宴会予約は，法人・団体を対象とする一般宴会予約と，個人客を対象とするブライダル予約に分かれる。

一般宴会予約とブライダル宴会予約

宴会予約セクションは，通常 一般宴会予約とブライダル宴会予約を統括する課として設置される場合が多い。以前は，一般宴会，ブライダル宴会ともに同じ宴会場を利用し，業務内容も類似していることから同じ予約スタッフが兼務して行うことも多かったが，現在は，攻撃的な販売を考え，それぞれ専門特化したスタッフがこれにあたるようになった。更に，最近では，ブライダルを強化する意味でブライダル宴会予約を独立した課として，設けるホテルも出てきた。同じ予約・手配業務であっても，企業・法人に対するものと，個人である婚礼客のものとはおのずから異なる。前者が主に平日の稼動，後者が土・日・祝の稼動となり，このことから宴会内容やスタッフに求められる資質もあわせ，担当を分けることが望ましいといえる。

一般宴会予約

一般宴会予約の担当者は，通常，マーケティング部門に属する宴会セールスの受注した予約物件の詳細について，詳細な打ち合わせを重ね，調理部門やサービス部門への手配を行う。予約スタッフ，マネジャーに求められるのは，幅広い料飲の専門知識と接客力であるが，加えて近年は，得意先企業や，広く産業界に対する情報収集力や販売力を強く求められるようになった。それ故，今後，予約スタッフとセールス間の人的交流は，人材育成，業務遂行の円滑化の両面で不可欠となる。

宴会予約は，通常，宴会部門の中に位置づけられているが，先に述べた宴会セールスとの連携をより強固なものとし，販売を強化する目的でマーケティング部門に組み込まれる場合もある。

ブライダル予約

比較的，女性スタッフが活躍する場面の多い宴会予約にあって，ブライダルは特に女性特有の感性が活かせるセクションといえる。ブライダル宴会予約では，一般宴会予約と異なり，当初から予約見込み客と接し，受注，打ち合わせ，手配，当日の現場立会いまで，一環した流れで進む。しかしながら，大規模ホテルのブライダル宴会業務は，見込み客の応対は予約・受注担当に，また当日の運営は宴会サービス担当にゆだねるなど分業化がすすんでおり，予約スタッフは，各業務間の調整・手配を行うコーディネートの役割を担うことからブライダル・コーディネーター（Bridal Coordinator）と呼ぶことも多い。この意味で，1件の婚礼を受注から当日までプロデュースする欧米型のウェディング・プランナー（Wedding Planner）と異なるが，その呼称の使い分けが厳密にあるわけではなく，ホテルやブライダル各社の自主的な判断に委ねられている。

いずれにしても，ブライダル・コーディネーターの仕事は，料飲・設備・運営などの業務知識の他，新郎・新婦のニーズを読み取り，価値ある提案をするために，音楽，ファッションなどの幅広い知識やトレンドを読み取る力，加えて，若い二人に対して，必要に応じたアドバイスできる豊かな人生経験が必要となる。それ故，優秀なブライダル・コーディネーターには，生え抜きのホテル社員より，転職，キャリア・アップ組のOL経験者も珍しくない。

Section
9-5

Key words

メイン・キッチン，ホテイチ・ショップ，セクション・シェフ，メニューとレシピ

調理部門の仕事

POINT

企業経営の一員として，販売価格に見合った食材原価管理，消費者の嗜好の変化に合わせたメニュー開発，食の安全・安心に向けた衛生管理の徹底等が役割として求められる。

調理部門の役割

調理部門は，製造業でいう生産部門，すなわち工場にあたり，調理スタッフは技能職集団といえる。技能職としての調理者は，芸術的センスを有するアーティストの一面ももち，各セクションのシェフ（Chef de Partie＝部署料理長）は，技能職・アーティストであると同時にコンダクターの役割を果たす。多くの日本のホテルで，調理部門は，フランス料理を基本としているが，大規模ホテルでは，日本料理，中国料理，イタリア料理などバラエティに富んだ料理を提供する。料理の他，パン・ケーキの製造や，最近はホテイチ・ショップで販売する惣菜や半加工食品の製造も担当する。

メイン・キッチン（Main Kitchen＝主厨房）

メイン・キッチンは，主として宴会部門の調理を担当するが，同時に館内レストランに対して，料理原材料や半加工食材を提供する。メイン・キッチンは，様々なセクション（Section＝部署）に分かれており，それぞれにセクション・シェフ（Section chef＝部署料理長）が配される。メイン・キッチンでは，総料理長の作成したメニュー（Menu）とレシピ（Recipe）[7]に従い，分業して調理にあたる。調理部門がオーケストラに例えられ，総料理長がコンダクターになぞらえられるのはこのためである。

仕込み　（Butcher＝肉の仕込み，Fisher＝魚の仕込み）

肉や，魚の下ごしらえを担当。

アントルメチエ　（仏語：Entremetier）

サラダ，スープ，デザートなどの担当。

ガルド・マンジェ　（仏語：Garde-manger）

冷製のオードブル[8)]など冷たい料理を担当。

ソシエ　（仏語：Saucier）

グリル[9)]，ロースト[10)]，ソテー[11)]をはじめとして，温かい料理を担当。

和食・中華厨房

日本のホテルは，日系，外資系を問わず日本料理，中国料理を積極的に取り入れている。メイン・キッチンに併設して，和食・中華厨房を設けるホテルも多い。この場合，調理人は，レストラン部門の日本料理店，中国料理店から適宜派遣されることになる。

製菓担当（Pastry）と製パン担当（Bakery）

ケーキ類を担当する製果と，パンの製造を担当する製パンは，メイン・キッチンから幾分独立した存在であり，レストラン，外販にも多く供給している。この他，ハムやベーコンを自家製で製造するスモーク担当のシャルクティエ（仏語：Charctier）も設ける場合がある。

宴会調理とレストラン調理

多くのホテルで，レストランのシェフとコックが調理部門から派遣される。このような組織では，調理部門全体の作業標準化，相互協力体制，指示命令の徹底，が可能となる。しかしながら，所属部門の違いにより，店舗ごとに，独自の個性を出すこと，サービススタッフとの運命共同体的なチームづくりには少なからず弊害となる。いずれの場合でも，宴会，レストランの人事交流が不可欠である。

図表9-3　調理部門の組織

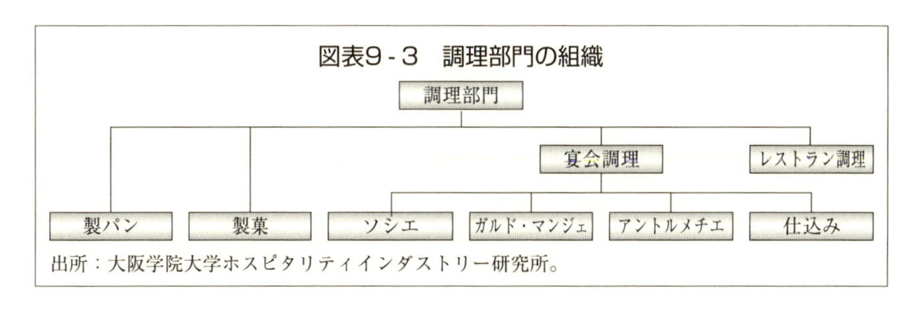

出所：大阪学院大学ホスピタリティインダストリー研究所。

■注　　記

1）アウトレット（Outlet）→一般には販売代理店や工場直営の小売店をさすが，ホテルの場合は，館内の各種レストランやバーの料飲施設をさす。
2）世界的にホテルの西洋料理は，フランス料理を基本としていることから，シェフ（料理長），メートル・ドテル（ヘッド・ウェイター），ソムリエはじめ，職種や仕事をあらわす言葉にフランス語が多い。
3）ホテイチ・ショップ→ホテル内のグルメ・ショップ。ホテルの1階にあることが多いので，マスコミがこう名づけた。
4）プロトコル（Protocol）→国際的な儀礼
5）配膳会→ホテルの注文に応じて，宴会サービス員を派遣する一種の派遣会社。
6）スチュワード（Steward）→本来は，クラブや大学の用度係を指すが，ホテルでは，什器・備品・食器などの手配・保守・管理を意味する。
7）レシピ（Recipe）→料理の調理方法。
8）オードブル（仏語：Hors-d'oeuvre）→フランス料理において，メイン料理の前に食べる軽めの料理。
9）グリル（Grill）→網焼きすること
10）ロースト（Roast）→焙り焼きすること
11）ソテー（仏語：Sauté）→フライパン上で，油でさっと炒めること

Menu

セールス＆マーケティング部門の仕事

Section

10-1

Key words

マーケティング・コミュニケーション，ソーシャル・メディア，マーケティング・アナリスト，マーケティング部長，マーケティング分析，SWOT分析，企画・宣伝広報・PR，マス・メディア，ニュース・リリース，パブリシティ

マーケティング部門の仕事

POINT

国内ホテルのマーケティング部門は，マーケティング・コミュニケーション部門として位置づけられ，広告宣伝，広報，イベント企画を通じて，日常的に収益部門をサポートする。一方海外のホテルのマーケティング部門は，マーケティング分析と広報活動を中心に行う。

マーケティング部門（Marketing Division）

日系ホテルの場合

マーケティング部門は，マーケティング・コミュニケーション[1)]を中心としたマーケティング活動全般を行い，部門名称は，マーケティング部，営業企画部，広報企画部など，様々に表現される。広義には，セールス部門を含む場合もあり，その場合は，営業部，販売促進部と称する場合が多い。

外資系ホテルの場合

通常，マーケティング部と称し，市場分析や自ホテルの営業状況の分析を行うマーケティング・アナリスト（Marketing Analyst）を中心に，広報，セールスなどが含まれる。しかし，日系ホテルでいう営業企画の概念は，本来的に外資系ホテルにはなく，営業上の諸企画は，宿泊・料飲など収益部門が立案することとなる。

マーケティング部長（Director of Marketing＝DOM）

マーケティング部門を統括するのは，マーケティング部長である。マーケティング部門に，セールス部門を含む場合は，特に営業部長（Director of Sales & Marketing＝DOSM）と称する場合もある。

マーケティング部門の仕事

マーケティング分析（Marketing Analysis）

市場調査や自社のデータ分析（SWOT分析[2)]，競合分析，売上分析）等を行う。世界的ホテル・チェーンでは，本部のマーケティング戦略を単体ホテルに浸透・徹底させるマーケティング＆コミュニケーション・トレーナー（Marketing & Communication Trainer）が存在し，日本各地にある傘下の外資系ホテルにも派遣される。最近では，チェーン・オペレーションの再構築に積極的に取り組む日系ホテル・チェーンでも，マーケティング分析セクションを設けるところも現れた。

企画・宣伝（Planning & Advertising）

ほとんどの日系ホテルでは，海外では，あまり例のない料飲企画・宿泊企画・全館企画や広告宣伝を担当する企画宣伝（営業企画）セクションを設けている。営業企画は，レストラン，ブライダルやシティ・リゾート型宿泊プラン[3)]まで，地元マーケットを対象として頻繁に，イベント・商品企画・広告宣伝活動を行う。

広報・PR（Public Relations）

営業企画が媒体を利用した有料の広告宣伝活動を行うのに対して，広報は，マス・メディア[4)]に対するニュース・リリース[5)]によるパブリシティ[6)]活動をはじめとして，ステーク・ホルダー[7)]に対し企業の社会的責任に関する報告書[8)]（CSR レポート）等，幅広く広報活動を行う。広告宣伝費を総売上の約２％に制限されるホテルにおいては，広報の重要度は高い。

マーケティング部門の戦略

IT 技術の発達により現代のマーケティング戦略に必要なのは顧客管理，電子マーケティング（e マーケティング），緻密で正確な客室や宴会場の在庫管理，データ分析をベースにしたレート・マネジメントやレベニュー・マネジメント等の戦略的価格政策，そしてそれらの戦略を実行可能にする優秀な人材確保などである。[9)]

特に近年では2010年以降急速に普及したタブレット端末およびスマートフォン等の携帯デバイスを利用したソーシャル・メディア（ブログ，ツイッター，フェイスブック，YouTube 等）対策がウェブサイト構築，検索エンジン対策（リスティング広告[10)]，SEO 対策[11)] 等）とともにマーケティング部門の最重要課題となってきている。

図表10-1　セールス＆マーケティング部門の組織

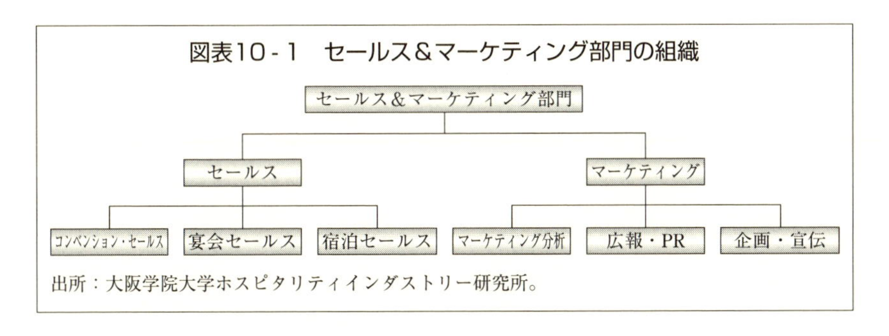

出所：大阪学院大学ホスピタリティインダストリー研究所。

Section
10-2

MICE セールス，アカウント・セールス，日本型訪問セールス，セールス部長，コンベンション・セールス

セールス部門の仕事

POINT

海外では，マーケティング部門に属することの多いセールス部門も，日本では独立した販売実行部隊として重要な役割を果たしている。海外では，企業との年間宿泊契約や，年次単位の MICE セールスが中心であるのに対して，日本では日常的な訪問セールスが主な業務となる。

世界のセールスと日本のセールス

世界のセールス

マーケティング部門の一部に位置づけられる。企業や代理店を対象とした年間契約の締結を目的としたアカウント・セールス（Account Sales）[12)]が主な活動となり，日本における飛び込みセールスや，訪問セールスはない。単体ホテルには若干名のマネジャーが配され，決裁権限を与えられて得意先との契約交渉や，MICE と呼ばれる年次ごとに開催される大型宴会の誘致交渉にあたる。MICE とは，ミーティング（Meeting＝会議），インセンティブ（Incentive＝報奨・招待会），コンベンション（Convention＝大会），エキシビジョン（Exhibition＝展示会）の略であり，宿泊をともなう大型宴会のことをいう。

日本のセールス

MICE マーケットへのセールスも行うが，基本的には，地域の大企業の部・課・支店・営業所や中小企業への訪問セールスが主たる業務であり，各セールス担当が，担当地区・業種・企業を１日平均10社以上訪問することも珍しくはない。従って，セールス・スタッフは相応の人員数を要し，ホテルの規模によって，数名から数十名が配される。セールス・スタッフは，宿泊・宴会などの経験者が，キャリア・ステップとして配属されることもあるが，幅広く異業種から営業（セールス）経験者を採用することも珍しくない。セールス部門は，通常，セールス部，営業部，販売促進部と称する。

セールス部門（Sales Division）

外資系ホテルでは，マーケティング部門に統括される場合もあるセールス部門であるが，日系ホテルの多くは，独立したセールス部門を設置することが多く，セールス（営業・販売促進）部長（Director of Sales）が統括する。

宿泊セールス（Rooms Sales）

トラベル・エージェント（Travel Agent＝旅行代理店）や航空会社，また送客が期待できる企業や大使館・総領事館・政府観光関連事務所などの外国政府機関などを訪問し，契約料金の提示を行う。海外のセールスに近い業務であるが，よりきめ細かな訪問セールスを要求される。反面，日常的な顧客からの客室の予約が，直接，フロント・オフィスの宿泊予約に入ることが多くなることから，宴会セールスのような，営業成果の判定は難しい。その意味で，セールス部門から切り離して宿泊予約セクションに属することもありうる。このセクションは，外国航空会社や外国政府機関との接触や，海外セールスを行う機会が少なくなく，ビジネス・レベルの外国語力を要する。訪日客（インバウンド）の増加に伴い専門要員をセールス部門に配置するホテルが増えてきている。

宴会セールス（Banquet Sales）

いわゆる，日本型の訪問セールスを行う。通常，セールスは，宴会見積もりと宴会場ブッキング（Booking＝部屋押さえ）までを行い，その後は，宴会部門の予約担当に引継ぐ。しかし，クライアント（Client＝得意先）との良好な関係が，次回の受注へ結びつく重要なポイントであることから，宴会セールスは，宴会当日まで，クライアント側に立って相談に乗り，当日においても立会いをするなど，きめ細かい動きが求められる。宴会セールス担当は，宴会に関し料理・飲料・宴会場使用法などの業務知識，関連部署とのコミュニケーション能力を要求されるので，宴会サービス・予約担当のキャリア・ステップとして位置づけられることが多い。しかしながら後天的に業務知識を習得すれば，異業種からの転職も可能であり，外資系ホテルを中心に異業種からの転職組も多い。

コンベンション・セールス（Convention Sales）

日本においても大規模ホテルでは，海外と同様MICE宴会をターゲットとしたコンベンション・セールスを置くところもある。コンベンション・セールスは，宴会・宿泊に精通したベテランのセールス・マネジャーがこれにあたり，海外出張セールスもあり相当の外国語力が要求される。

Section
10-3 営業推進部門の仕事

Key words　レベニュー・オプティマイゼーション，レベニュー・マネジメント，価格設定，需要予測，客室在庫管理，流通経路管理

POINT

ホテルのイベント企画や広報宣伝活動を行うマーケティング部門，法人等直接に顧客への営業や旅行代理店，ネットエージェントへの営業活動を行うセールス部門，価格設定を中心に売上の最適化を図るレベニュー・マネジメント部門を統合して営業推進部としている組織も増加してきた。

レベニュー・マネジメント部門（Revenue Management Division）

将来の利益獲得に向けた売上の最適化（レベニュー・オプティマイゼーション）のためにいかに戦略的価格設定等を立案，実行する事を目的とする。レベニュー・マネジメントの必要性がホテル業界で盛んに叫ばれはじめたのはそれほど前の事でなく1990代に入ってインターネット予約が普及しはじめたころからである。現在では客室売上だけでなくホテルの総事業収入や営業総利益（GOP）の改善に主眼に置いたレベニュー・マネジメントが求められている。

レベニュー・マネジメント部門の仕事

価格設定（Pricing）

価格設定に影響をおよぼす様々な要素を分析して戦略的に価格設定を行う。考慮すべき要素は当該ホテルの顧客特性（レジャー客，ビジネス客），ロケーション（シティー，リゾート），曜日・季節変動性，管理客室在庫数量，流通経路，販売商品タイプ（スイートルーム，スタンダードルーム等），パッケージ商品の構成，支払条件（現金，クレジット，売掛）である。

需要予測（Forecasting）

過去のデータ，現在のデータ（現在起こっている事象，または直近の事象），将来のデータ（将来起きる事象）を基に効果的な需要予測を立てる。過去のデータは一日平均の予約獲得数，予約拒否件数，キャンセル数，日・週・月毎の稼働率や一室当たり平均客室販売額（ADR），ルームタイプ毎の稼働率等である。現在のデータは稼働率と在庫状況報告書，団体予約報告書，非宿泊部門売上予約報告書等である。将来のデータは当該ホテルの客室の将来の需要に最も影響を与える要素で地域社会あるいは国の経済成長度，競合ホテルの新設や撤退，当該地域で開催されるビッグイベントの有無などである。

客室在庫管理（Room Inventry Management）

客室の種類，客室毎の料金，販売条件をホテルの販売経路毎に割り当てることである。言い換えれば販売可能な商品の販売経路別の引き当てに相当する。各部屋が当該施設のどこに位置しているのか，客室面積やベッド構成，個人予約用，団体予約用にそれぞれ割り当てる。団体予約でブロックされた部屋に関しては在庫状況を注意深く見守る。需要の強い日等は意図的なオーバーブッキングは避ける。

流通経路管理（Distribution Channel Management）

1970代以前のホテル予約は電話やファックス等の直接予約や旅行代理店，旅行卸売業者からの予約がほとんどであったが，インターネットの普及により販売経路は多様化してきた。現在の流通経路は直接予約（電話，自社 HP，ウォークイン等），旅行卸販売業者，GDS（Global Distribution System），IDS（Internet Distribution System），経由等である。特に近年急速に普及したスマートフォンの口コミサイトにリンクしたネットエージェント（OTA: On-Line Travel Agent）（**6-2**）からの予約の増加に伴い，トリップ・アドバイザー等，旅行口コミサイト管理も大切である。良いコメントへのお礼は勿論，悪いコメントにも目を通しできるだけ早い時期に投稿者に返事を書く必要がある。

結果の評価（Evaluating）

レベニュー・マネジメントチームの評価については近年，ホテル客室の売上最大化の指標である RevPAR の評価にとどまらずホテル客室稼働がホテル全体の売上や営業総利益に及ぼす影響までを含んだ次のような指標を用いた評価に変化してきている。言い換えるならば客室の売り上げばかりでなくホテル全体の売上と流通チャネル経費等の費用の概念を考慮しながら売上の最大化を目指す売上の最適化が求められる[13]。

図表10-2　レベニュー・マネジメント実績評価

主要指標

・販売可能客室当たり総収入（Total RevPAR）
　＝ホテル総売上（客室売上＋非客室売上）÷ 販売可能客室総数
・販売可能客室当たり営業総利益（GOPPAR）
　＝ GOP（ホテル総売上－管理可能費用）÷ 販売可能客室総数
・営業利益率推移（Flow-through）
　＝（本年営業利益－昨年営業利益）÷（本年売上－昨年売上）

出所：筆者（中村）作成。

■注　記

1）マーケティング・コミュニケーション（Marketing Communication）→広報，広告宣伝を指すが，国内ではイベントや商品企画を担当する営業企画も含む。

2）SWOT分析→自社の内なる強み（Strength），弱み（Weakness），外部をとりまく機会（Opportunity），脅威（Threat）を分析し，明らかにすること。

3）シティ・リゾート型宿泊プラン→正月，週末，連休に地元家族客を対象とした短期滞在プラン。その他，女性を対象としたエステプランなども地元女性客層の人気を呼んでいる。

4）マス・メディア（Mass Media）→またはマスコミ。ラジオ，テレビ，新聞，雑誌などの大衆に呼びかけることができる媒体（メディア）をいう。

5）ニュース・リリース（News Release）→マス・メディアなどに送付する企業活動・新商品などの広報印刷物。

6）パブリシティ（Publicity）→有料の広告宣伝（Advertising）に対して，マス・メディアによる無料の広報記事。

7）ステーク・ホルダー（Stake Holder）→企業の利害関係者。直接的には，株主，顧客，従業員，取引先などを指し，間接的には，競争者，地域社会，一般大衆があげられる。

8）企業が，環境や社会問題等に対して倫理的な責任を果たすべきであるとする企業の社会的責任の考え方に基づいて行う，社会的な取り組みをまとめた報告書。ISO26000には企業の社会的責任に関するアドバイスやヒントが多数盛りこまれている。

9）仲谷秀一他著『ホテル・マーケティング・ブック』中央経済社，2011，第5章「エクスターナル・マーケティングコミュニケーションⅡ：セールス＆マーケティング部門の組織と戦略」参照。

10）リスティング広告とは検索エンジン（Yahooや Google等）でユーザーがあるキーワードで検索した時に，その検索結果に連動して表示される広告。

11）松本慶大著『ホテル・旅館のウェブマーケティング実践術80』オータパブリケーションズ，2014年，第三章参照。

12）アカウント・セールス（Account Sales）→得意先との間に取引口座＝アカウントを開き年間の宿泊割引契約を締結するためのセールス活動。

13）デビッド・ヘイス，アリシヤ・ミラー共著，中谷秀樹訳『ホスピタリティ産業のレベニュー・マネジメント』流通経済大学出版会，2014年，第九章参照。

Chapter II 管理部門の仕事

人事と総務，人事部長と総務部長，トレーニング・マネジャー，OJT

人事・総務部門の仕事

POINT

日系ホテルの場合，総務部門が整備されており，人事部門は，総務部門に属することが多い。外資系ホテルの場合，独立した人事部門が存在し，総務機能がない。人材マネジメントを重視し，人材開発部と名称を変更する企業も増えてきている。

人事部門と総務部門
(Human Resources Division, General Affairs Division)

日系ホテルの場合

大規模ホテルでは，人事部と総務部とを分離して設ける場合もあるが，日系ホテルの多くは，人事部門は，総務部（または管理部）に属することも多く，総務部長（Director of General Affairs）がこれを統括する。総務部は，従業員の人事・労務・採用・教育・給与・福利厚生など多岐にわたる人事上の諸事項，組合との調整，株主・取引先・業界などとの対外折衝の窓口になる他，法務問題，防災・防犯・衛生などを総合的に管理する役割をもっている。

外資系ホテルの場合

日系ホテルにある総務部門は存在せず，人事・給与・採用・教育を担当する人事部が設置され，人事部長（Director of Human Resources）が所管している。所有・経営と運営が分離し，運営に特化した外資系ホテル組織では，所有・経営にまつわる総務機能が簡略化されている。しかしながら，料飲部門が巨大化，複雑化した国内のホテルでは，法務・防災・防犯・衛生などの諸問題や，従業員にかかわる問題など現場に密接にかかわる総務事項が，海外に比べ，広範囲にわたることから，これらへの対処が国内の外資系ホテルの大きな課題となっている。

人事部門の仕事

人事・採用・労務・給与・福利厚生（Personnel）

日系ホテルでは，従業員の昇給・昇格・異動にまつわる事項や労働状況の把握・管理，組合との折衝を主として行う。一方，外資系ホテルでは，個別の人事上の立案は，主として各部門長が行い，人事部では，主として事務手続きのみを行うことが多い。

採用に関しては，日系ホテルの場合，計画・募集・試験・決定に関する業務を行うが，外資系ホテルの場合，採用の意思決定は最終的に総支配人によるものの，多くは部門長の裁量にまかされる。

日系ホテルでは，会社単位の行事や制度を重視し，時間外のレジャー活動や従業員の福利厚生施設が充実している。外資系ホテルにおいても同様な行事を，人事，各部門が協力して実施する。日系，外資系を問わず，人事部門の最も重要な仕事は人材の募集から離職管理までの人材マネジメントシステムをホテルの戦略に基づいて構築，実践する事である。

教育（Training）

人事に関する事項の多くが現場に委ねられる外資系ホテルの人事部門は，従業員の教育を特に重視し，研修担当として専任のトレーニング・マネジャー（Training Manager）を設けている。トレーニング・マネジャーは，職場単位に行うOJT（On the Job Training）と併行して，一般従業員から上級管理職まで段階に応じた全店研修を年次計画にもとづいて実施する。再編がすすむ日系の大手ホテル・チェーンにおいても同様な取り組みがなされているが，近年，特に，部門長，総支配人の育成プログラムの重要性が認識されるようになった。

総務部門の役割

社内に関する事項

ホテル会社内の制度の制定・改廃に関して諸手続きを行う他，従業員に関する様々なトラブルの調整を行う。また，セクシュアル・ハラスメントやパワー・ハラスメントに対する苦情受付けを担当する。

株主・対外事項

株主総会をはじめとした株主に関わる業務，行政・産業界・業界団体・地域社会などとの交流を担当する。経営に関する広報を担当する場合もあるが，近年は，経営・運営を含めた広報を一元化する場合もある。

法務・安全管理

経営・運営に関する法務問題，防災・防犯・衛生に関する全館一元管理を行う。大規模ホテルでは，法務室，セキュリティ・センター，衛生管理室などを設けることもある。

Section
11-2

Key words 
財務と会計，経理部長，クレジット・マネジャー，主計担当，出納担当，売上監査担当，フロント・キャッシャー，ナイト・オーディター，F＆Bコントローラー，パーチェシング・エージェント

経理部門の仕事

POINT

単体のホテルには，会計（経理）部門が置かれ，損益情報管理や，金銭の出納にまつわる業務を行う。ホテル会社として，決算，資本調達など財務上の業務を行う場合は財務部，人事などと併せる場合は管理部とも称される。

財務（Finance）と会計（Accounting）

日系ホテル企業の本社や，外資系ホテルのオーナー（親会社）から派遣された経営管理者（社長等）は，親会社や投資家に財務情報を提供する決算，経営を円滑に遂行するための資金計画，新たな投資に向けた資本調達といった財務業務を行う。

一方，決算業務を本社やオーナーが行う単体のホテルでは，ホテル運営を円滑・正常に行うための売上と経費の管理，それにもとづく損益情報の管理などの経理業務を行う。従って，財務と経理は関連した業務でありながら，業務内容・目的は微妙に異なる。

外資系ホテルの経理部長の職務

外資系ホテルでは，経理部長をDirector of Accounting，Financial Controller，Comptrollerと業務内容の範囲に応じて様々に表現するが，どちらかというとComptroller（検査官，監査官）と称することが多い。事実，外資系ホテルの会計部長は，オーナーもしくは，ホテル・チェーン本部に対して，直接的な報告義務を負っており，総支配人に対する監査機能を果たしている。またホテル内部においても，様々な監査機能が必要とされる業務を，会計部門に集約している。

経理部門（Accounting Division）

経理（Accounting）

経理担当は，売掛金の認定・回収を行うクレジット・マネジャー（Credit Manager），経費の支払や主計の担当（Pay Master），全社売上の出納担当（General Cashier）および売上監査担当（Income Auditor）などに分かれる。フロント・キャッシャー（Front Cashier）や夜間のフロント会計監査担当であるナイト・オーディター（Night Auditor）は，外資系ホテルや老舗の日系ホテルでは，経理業務の透明性をはかるべく相互チェック機能の観点から，経理部門に属す

ることが多かったが，最近では，より簡便化して宿泊・フロント部門に統括されることも多くなった。

この他，外資系ホテルでは，什器備品・一般消耗品用を管理する一般倉庫担当（General Storage Supervisor）や家具・調度品を管理する資材担当（Furniture Controller）も会計部門に属することが多いが，大型の日系ホテルでは，前者を購買部，後者を資材部として独立運営することもある。

外資系では正社員，アルバイトの給与計算，社会保険料などを担当するペイロール（Payroll）課を設けるホテルもある。また最近のIT技術の進歩により情報システムの管理を専門に扱う部署を設置するホテルが多くなっている。

料飲原価統制（Food & Beverage Cost Control）

料飲部門の売上構成比率が高い日本国内のホテルでは，外資系・日系を問わず，原材料の原価計算による料飲原価の適正な管理を行うF&Bコントローラー（F&B Controller）の業務を重要視している。この部署には，料飲原材料の検収・保管を担当する食品倉庫担当（F&B Storage Supervisor）も含まれるが，日系ホテルでは，食品倉庫担当は購買部門に属することが多い。

購買部門（Purchasing Department）

日系・外資系ホテルともに，購買部門は会計部門から独立している場合も多い。外資系ホテルでは，この部門を購買に関する源発注部門との調整，外部業者への発注・値段交渉など購買の専門家として位置づけ，担当責任者をパーチェシング・エージェント（Purchasing Agent＝購買担当）と呼んでいる。日系ホテルの場合，発注業務のみならず，備品・消耗品・食料品の保管も併せて担当することが多い。

図表11-1　管理部門の組織

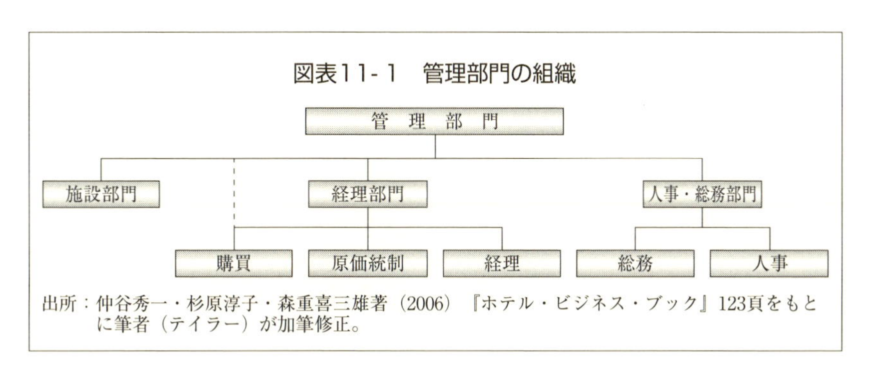

出所：仲谷秀一・杉原淳子・森重喜三雄著（2006）『ホテル・ビジネス・ブック』123頁をもとに筆者（テイラー）が加筆修正。

Section

11-3

Key words

施設部長（チーフ・エンジニア），ファシリティ・マネジメント，エコロジーと ISO14001，電気系統担当，ボイラー担当，営繕担当，情報システム担当，アウトソーシング

施設部門の仕事

POINT

施設部門は，日常的な建物・設備の保守管理やエネルギー管理のみならず，中長期にわたるハードの顧客に対する価値創造，魅力づくりを担当する。

施設部門（Engineering Division）の役割と位置づけ

ホテルのハードすなわち施設・設備を維持・管理する施設部門は，経営，運営両面できわめて重要である。外資系ホテルにおいては施設部長にあたるチーフ・エンジニア（Chief Engineer）は，運営の意思決定機関である Excom（**7-1**）メンバーとして総支配人を支えるキィ・スタッフとして位置づけられる。チーフ・エンジニアは，日常的な施設管理のほか，ホテルの中長期的なメンテナンス，リノベーション（**4-2**）計画の策定と実行，すなわちファシリティ・マネジメント（Facility Management）を直接担当し，ハード面の価値創造に貢献する役割を担う。一方，小規模な日系ホテルでは，施設部門は，管理部もしくは総務部に属する課として位置づけられることも珍しくはなく，保守，維持管理に力点が置かれている。施設部門のもう一つのテーマは，エコロジー（Ecology＝環境対応）や省エネルギーであり，ISO14001の取得に積極的に取り組むホテルも多い。

エンジニア（Engineer＝技術部員）の仕事

ホテルの施設部門は，電気・ボイラー・建築などの様々な技術系国家試験の資格を取得したエンジニアで構成される極めて専門性の高い集団である。

電気系統担当（Electrical Engineer）

空調，エレベーター，照明など電力消費は，館内エネルギー費の大きな部分を占め，欧米にくらべ電力費が数倍高いといわれる国内では，電力使用量の低減と顧客への快適性のバランスをいかにとるかが重要な課題となる。

ボイラー担当（Boiler Man）

電力同様，熱エネルギー源を提供するボイラーの管理もまた，コスト低減のため重要である。大都市では，環境関連の法令により石油方式ボイラーからガス方式ボイラーに設備更改され，温熱のみならずガス型冷房も普及しはじめた。

営繕担当（Carpenter）

営繕担当の日常的な家具・設備の修理・修繕の業務は，顧客に快適性を提供するという意味で，大きな役割を果たしている。建物・施設・設備・家具そして照明が，顧客にとって，常に魅力あるものにすることが営繕の最大のミッション（Mission＝使命）といえる。

情報システム担当（System Engineer）

ホテルの情報システムは，営業，管理両面で重要度を増している。システムの管理・保全はもとより，今後はホテル内全般の業務効率化に向けた広い視野を求められる。

エンジニアリングのアウトソーシング

最近では，外資系・日系を問わず，エンジニアリング部門をアウトソーシング（Outsourcing＝外部委託）するケースが増えている。電気系統，ボイラー，営繕など専門家をホテル組織内で確保，育成することが困難であるからであり，今後，アウトソーシングに移行する傾向が強まると思われる。業務をアウトソーシングした場合においても，ホテル側に，エンジニアリング責任者であるチーフ・エンジニア（施設部長や技術課長）を置く必要があり，ホテルの権限と責任において，委託先スタッフを管理，指導することが不可欠となる。

図表11－2　ISOシリーズ

◆ISO14001

国際標準化機構（ISO）が取り決めている環境関連規格ISO14000シリーズの一つで，生産，サービス，経営に際して環境対応の立案，運用，点検，見直しといった環境管理・監査システムが整備されているかについて認証機関（日本環境認証機構など）の審査を受けて，審査に合格すればISO14001（ISO 14001environmental-standardscode）認証取得企業として登録される。

出所：株式会社自由国民社『現代用語の基礎知識2000年版』

◆ISO9000

「ISO9000シリーズ」とは，工場や事業所の品質管理システムそのものを第三者（審査登録機関）が検査し，品質保証システムが適切に機能していることを制度的に保証することである。製品それ自体の形状や材質，信頼性を保証する日本工業規格のJISマーク表示許可制度とは異なり，品質管理のシステムそのものを評価する。

出所：株式会社自由国民社『現代用語の基礎知識2000年版』。

人事システムと
キャリア・デザイン

Section
12-1

Key words
キャリア・パス，エントリーレベルの仕事，
デパートメント・ヘッド，インターンシップ

キャリア・パスと目標設定

POINT

ホテルへの就職，キャリアの形成には，自らキャリア・パス[1]の見極めが重要となる。しかし，それをホテル志望学生や若手ホテル社員が，明確に認識できていない現状がある。製造業における現場労働者，専門技術職，営業・開発職，事務職，経営管理者と同様に，ホテル業においても職種，職位の内容を正しく認識し，自身のキャリア目標を設定する必要がある。

エントリーレベルのキャリア

海外のホテルでは，エントリーレベル（未熟練労働）の仕事[2]は，時間給とチップ[3]で生計をたてるサービス労働者の仕事と位置づけられている。また，ホテル幹部を目指すホテル経営系大学生は，在学中800～1000時間のエントリーレベルを中心としたインターンシップ[4]が義務づけられている。一方，わが国では，かつてエントリーレベルの仕事は，現場経験を積み重ねる熟練度を要する仕事と理解されていたが，近年は業務マニュアルやトレーニング・システムの整備により，パート，アルバイト，インターンシップ，新入社員を対象とした業務となった。

●ベル・パーソン ●料飲サービス・スタッフ ●ルーム・メイド etc.

スペシャリスト，クラークのキャリア

スペシャリストやクラーク[5]とは，一定レベルの判断力と知識・技能を有し，責任をもって業務を遂行できる一般職や専門職を指し，宿泊・料飲・技術部門の専門技能者であるスペシャリスト，営業系・管理系クラークなどの業務がある。専門学校，短大，大学を問わずキャリア・アップ[6]を目指す学生にとって，当面の目標であると同時に，マネジャー等幹部社員へのキャリア・パス，通過点でもある。

【サービス・技術系】

●ドアマン ●ベルキャプテン ●オペレーター ●コンシェルジュ ●ハウス・キーパー ●レストラン・キャプテン ●宴会キャプテン ●バーテンダー ●ソムリエ ●コック ●スチュワード ●エンジニア etc.

【営業・管理事務系】

●フロント・クラーク ●客室リザベーション・クラーク ●宴会予約クラーク ●ブライダル・コーディネーター ●セールス・クラーク ●営業企画・広報クラーク ●事務系（会計・人事・購買）クラーク etc.

マネジャーのキャリア

マネジャーは，所管業務内の権限にもとづき，利益の確保，業務の改善，人材の育成に取り組む。外資系ホテルでは，マネジャーの職位をデパートメント・ヘッド（Department Head）と表現する場合がある。これは日系ホテルでは，部・課長にあたる。

●フロント・オフィス・マネジャー ●アシスタント・マネジャー ●リザベーション（宿泊）マネジャー ●エグゼクティブ・ハウスキーパー ●セールス・マネジャー ●営業企画マネジャー ●広報マネジャー ●レストランバー・マネジャー ●宴会サービス・マネジャー ●宴会予約マネジャー ●レストラン・シェフ ●宴会調理セクション・シェフ ●事務系（会計・人事・購買）マネジャー ●チーフ・スチュワード etc.

Excom のキャリア

Excom（**7-1**）は，ホテル運営に関する最高意思決定機関であり，総支配人をリーダーに，各部門長で構成される。国内外を問わず，四年制大学卒業生，大学院修了者には，Excom レベルを目標とすることが期待されているが，ホテル業界は，実力主義であり，専門学校・短期大学卒の人材にもキャリア・アップの可能性は，充分ある。

●総支配人 ●副総支配人 ●宿泊部長 ●料飲部長 ●総料理長 ●セールス＆マーケティング部長 ●技術部長 ●人事部長 ●経理部長

リッツ・カールトンの QSP

世界的にサービスの品質を高く評価されているリッツ・カールトンの各ホテルでは，採用や昇格の際，QSP（Quality Selection Process）と称する人的資質を判定する職業適性テストを実施している。QSP は，業務スキル，知識に優先され，このステップを合格しない限り，幹部クラスの人材といえども採用，登用されることはない。サービス業に携わる者として，人格，姿勢，態度が重要であるとの強い認識が，リッツ・カールトンの QSP やミッション・ステーツメントである「クレド」に表現されている[7)]。

Section
12-2

Key words
ホテリエ，ホテルマン，ホテルウーマン，ホテル経営系大学

ホテリエのキャリア

POINT

ホテルで働く者の総称として，近年使われるようになった和製英語「ホテリエ」，本来の意味は，ホテルの所有，経営，運営それぞれの責任者を指す。

ホテリエの概念

英語・仏語辞書によると，"Hotelier" とは，ホテル所有者，経営者，とある。すなわちホテリエとは，19世紀から20世紀にかけて欧米諸国でよくみられたホテルを自営するオーナー経営者を指すものと考えられる。

しかし，21世紀に入った現在，小規模なものを除いて，自ら所有・経営・運営するホテリエが減少し，英語・仏語の "Hotelier" 自体一般的に使われることが少なくなり，本来的な意味が弱くなってきている。

一方，わが国においては，近年，業界，出版界，教学界の一部において，ホテリエをホテルで働く者の総称，すなわち和製英語である「ホテルマン」，「ホテルウーマン」と同義語で使う風潮が出てきた。

このような状況をふまえ，本著では，ホテリエの概念を，所有，経営，運営それぞれの責任者，すなわちホテル・オーナー，経営者，総支配人を指すこととする。

ホテリエというキャリア

日本国内では，ホテル業界を目指す大学卒業者（学卒者）が，サービス現場での就労を目指していることが多い。

このことを他業種に例を求めると，ゼネコンへの就職を志望する学卒者が，建設現場の作業員を目指し，電気メーカーを志望する学卒者が，工場の生産ラインの作業員を目指すようなものであろう。

ホテルでは，作業着ではない凛々しくデザインされた制服に身を固め，建材や電気部品ではない洗練された顧客を相手にしているため，職種本来の姿をみることが困難になるのかもしれない。

本来的に，大学は，産業界に対し幹部社員を提供するいわば士官学校であることを求められており，大学生は，士官すなわち将来のマネジャー，さらには経営者を目標とすることを求められているのである。

しかし，このことは，現場での勤務を否定するものではなく，在学中のインターンシップ体験，入社時の現場研修は，幹部になるための視点を養う場として重要となる。

実際，欧米のホテル経営系大学では，学生に在学中のホテル現場でのインターンシップを義務づけている（**12-4**）。これは，士官学校における下士官による士官候補生への厳しい軍事訓練に匹敵するものであり，ともに優れた指揮官を育成するための必須のプログラムと位置づけられている。

図表12-1　海外主要大学ホテル経営系学部・学科

国・地域	大学名
米国	コーネル大学ホテル経営学部　http://www.hotelschool.cornell.edu/ Cornell University, School of Hotel Administration
	ミシガン州立大学商学部ホスピタリティビジネス学科　http://www.bus.msu.edu/ Michigan State University College of Business, The School of Hospitality Business
	ヒューストン大学コンラッドN. ヒルトン・カレッジ ホテル＆レストラン経営学科　http://www.hrm.uh.edu/ The University of Houston, Conrad N. Hilton College of Hotel & Restaurant Management
	マサチューセッツ大学アマースト校ホスピタリティ＆ツーリズム学部　http://www.umass.edu/ University of Massachusetts at Amherst, Department of Hospitality and Tourism
	ネバタ大学ホテル経営学部　http://www.hotel.unlv.edu/ University of Nevada, Las Vegas, William F. Harrah College of Hotel Administration
スイス	ローザンヌホテルスクール　http://www.ehl.ch/ Ecole Hôtelière de Lausanne グリオン大学　www.glion.edu Glion Institute for Higher Education
香港	香港理工大学ホテル観光管理学院　http://www.polyu.edu.hk/ The Hong Kong Polytechnic, School of Hotel & Tourism Management

出所：仲谷秀一著『新総支配人論』嵯峨野書院，2004年，54頁をもとに筆者（テイラー）が加筆修正。

Section

12-3

Key words

総合職定期採用，雇用の流動化とキャリア採用，
日系ホテルのキャリア・アップ，
外資系ホテルのキャリア・アップ，コーポレート・トレーニー，
マネジメント・トレーニー

人事・採用システムとキャリア・アップ

POINT

わが国のホテルの人事・採用システムは，2000年代に入り大きく変化した。変化の大きな流れは，実力主義の導入と，人材の流動化であり，これらは外資系ホテルの参入とともに，広がりをみせている。

定期採用

正社員の厳選

我が国のホテルにおける四年制大学卒の定期採用は，総合職の採用数が，より絞り込まれ，将来にむけての，幹部候補の最低限の確保という意味合いが強調されるようになった。欧米に比べ，ホテル経営系大学が少ないわが国では，一般大学からの採用が基本となるが，これらの大学生は，基礎学力は有しても，ホテル業界のキャリア・パスに対する理解や専門知識が不足することから，新入社員の定着率は，かならずしも高いとはいえない。

契約社員の増加

四年制大学・短大・専門学校卒を問わず，卒業時期にあわせた定期的な契約社員の採用が増えている。かつての正社員採用枠が，契約社員枠に移行し，契約社員の中から正社員を選別しようとする動きとみていいであろう。契約社員の採用は，基本的に宿泊，料飲などの職種や勤務地を限定することが多く，地域社員とも呼ばれる。外資系ホテルの場合，新卒採用を，契約社員のみに限定するホテルも多く，これらのホテルでは通常，半年から１年の契約期間を経て正社員登用への道が開かれる。

通年採用

雇用の流動化によるキャリア採用の増大

ホテルは，専門性の高い業種であり，従来から宿泊，料飲を中心に経験者を採用する中途採用，すなわち雇用の流動化が他産業に比べ活発であった。外資系の参入とともにこの動きは，より加速し，必要な時に必要な職種を採用する通年のキャリア採用[8)]が一般化した。

幹部のヘッド・ハンティング

一般的なスタッフやマネジャーの中途採用とは別に，総支配人，部長などホテル幹部のヘッド・ハンティング[9]による採用も珍しくなくなった。この背景として，ホテルは元来200人～300人の小規模，多職種の組織であり，近年のように人材を最小限に絞り込んだ場合，専門に応じた適性を有する幹部を組織内で確保することが困難になったことがあげられる。

実力主義への移行

労働集約性の高い産業[10]であるホテルは，他産業にくらべ年功序列制による雇用体系が不向きな産業であり，現在，能力，成果，実績にもとづく賃金，採用，職位のあり方を重視する人事システムへの移行が急激に進んでいる。

キャリア・アップの現状

日系ホテル

日系ホテルにおいて，大卒総合職の定期採用が必ずしも成果を上げていない背景には，能力・実績にもとづくキャリア・パス（**12-1**）のシステム化が進んでいない現状がある。幹部候補として採用されても，総支配人，部長などのキャリア目標が，20年から30年先にあることから，日系ホテルでキャリアを積んだ大卒の中堅社員が，外資系ホテル幹部に転身する動きもみられる。

外資系ホテル

外資系ホテルにおいて，入社経路，学歴を問わず優秀と認められた人材は，チェーン本部のコーポレート・トレーニー（Corporate Trainee＝幹部候補）やマネジメント・トレーニー（Management Trainee＝管理職候補）に登録され，専門分野以外の業務を数ヶ月単位で経験する機会が与えられる。さらに，チェーン本部でのマネジメント研修，海外のチェーンホテルで副総支配人，部長などの職を経験した上で，総支配人となる。海外でホテル経営学系大学を卒業と同時にコーポレート・トレーニーに採用された幹部候補が，部長昇進に要する期間は，通常7～8年，総支配人へは12年～15年であり，先述の日系ホテルの所要期間に比べ，はるかに短い[11]。

Section
12-4

Key words

日本のホスピタリティ教育，海外のホスピタリティ教育，コミュニティ・カレッジ，ホテル経営系大学のカリキュラム，日米インターンシップの現状，ホテル・スタッフの資格制度

キャリア開発と教育機関の課題

POINT

ホテル・ビジネスにおけるキャリア形成に対して教育機関の果たすべき役割は大きい。ホスピタリティ・マネジメント（ホテル経営学）の実学教育において，実務研修は不可欠であり，ホテルを志望する学生は，自らの進路目標にむけてインターンシップ，アルバイトを通じて，職業体験する必要がある。

日本のホスピタリティ教育

ホテル専門学校

ホテル専門学校のカリキュラムは，現場の日常的なサービス技術，業務知識の習得に力点が置かれ，ホテルでの実務研修が重視されている。卒業生の多くは，ベル・スタッフ，料飲サービス・スタッフを希望し，これらの職場に配属されることが多い。しかし，外資系，日系を問わずホテル業界は，慢性的に現場のリーダー，マネジャー候補の不足に悩んでいる。今後，専門学校には，初歩的なマネジメント教育を強化すること，専門学校生には，将来の職業目標をより高く持つことが求められる。

観光系短期大学

短期大学の観光学系学科・コースにおいては，ホテル・ビジネスに特化したカリキュラムが限定され，観光・旅行に関する総論的な科目が主体となることから，実践的な教育がやや手薄となる。むしろ短期大学の優位性は，英語教育にあり，外国語力を有する卒業生は，ホテルに就職した場合，英語力を求められるベル・スタッフないしはフロント・クラークなど宿泊部門に配属されることが多い。

観光系大学

わが国の四年制大学には，ホスピタリティ・マネジメント（**3-2**）に特化した大学は少ない。これらの大学の課題は，欧米におけるのと同様な実践的カリキュラムの開発，実務経験豊富な教員の採用と育成であろう。産業界において，ホテル経営者，総支配人への人材ニーズが高まる中，幹部候補生となりうる学生のためのマネジメント・レベルの教育が求められている。

海外のホスピタリティ教育

コミュニテイ・カレッジ

米国のコミュニテイ・カレッジ（Community College）は，二年制のいわば職業短期大学の位置づけにある。ホテルでの実務経験豊富なマネジャー・クラスの専任教員が，第一線の現場リーダー，マネジャー育成に必要な実践的教育にあたる。

ホテル経営系大学

ホテルの経営者や運営責任者（総支配人）を育成するホテル経営系大学は，世界に数多く存在し，特に米国では，学部・学科の数が160校にものぼる。社会学系の観光学を中心としたわが国の観光系大学と異なり，あくまでもホスピタリティ産業に特化した経営学部であり，ホテルをビジネス・モデルにしたマーケティング（Marketing），アカウンティング（Accounting＝会計学），ヒューマン・リソース（Human Resource＝人的資源論）からオペレーション（Operation＝ホテル運営管理），内装デザインまで幅広い実践的カリキュラムが整備されている[12]。

職業体験（インターンシップ，アルバイト）

米国のコミュニティ・カレッジやホテル経営系大学では，在学中にホテルで，通常800時間から1000時間のインターンシップを修了することが卒業要件となる。わが国のホテル・インターンシップは，２週間から１ヵ月の短期間のものが多く，いわば職場見学といえる。将来にむけて職業体験を深めたい学生には，半年から１年程度のアルバイト経験が有効となろう。

資格制度

ホテル・スタッフになるために必要な資格はない。むしろマーケティング，アカウンティングなどの経営実践力や，自らの感性を磨く努力が必要となる。しかし，国際的なホテルでキャリア・アップをはかるには，TOEIC[13]600点，また海外留学するためには TOEFL[14]550点クラスの英語力が必要となる。

図表12-2　コーネル大学ホテル経営学部カリキュラム

ホテル経営学部履修科目

Cornell University School of Hotel Administration Undergraduate Program Course Requirements（as of Fall,2004）		コーネル大学ホテル経営学部 学士課程 履修要件
Required Courses	Credits（単位）	履修科目群
Operation:		運営管理
Introduction to Hotel Operations	3	ホテル運営入門
Introduction to Food Service Operations	3	フードサービス運営入門
Hospitality Quantitative Analysis	3	ホスピタリティデータ分析
Service Operation Management	3	サービス運営管理
Employment Relations, HR and Law:		雇用関係，人的資源管理と法規
Organization Behavior and Leadership skills	3	組織行動・リーダーシップ
Human Resource Management	3	人的資源管理論
Business and Hospitality Law	3	企業・ホスピタリティ産業法規
Accounting:		会計
Financial Accounting	3	財務会計
Managerial Accounting	3	管理会計
Finance:	3	財務
Finance	3	財政学
Food & Beverage Management:		料飲マネジメント
Food Service Management, Theory and Practice	4	フードサービス理論と実践
Restaurant Management	3	レストラン管理
Services Marketing:		サービスマーケティング
Microeconomics for the Service Industry	3	サービス産業ミクロ経済学
Marketing Management for Services	3	サービス産業マーケティング演習
Strategy:		戦略
Strategic Management	3	経営戦略演習
Properties Development and Management:		施設開発と管理
Hospitality Development and Planning	3	ホスピタリティ事業開発計画
Hospitality Facilities Management	3	ホスピタリティ施設管理
Management Communication:		管理者コミュニケーション手法
Management Communication Ⅰ	3	管理者コミュニケーション手法Ⅰ
Management Communication Ⅱ	3	管理者コミュニケーション手法Ⅱ
Information System:		情報システム
Business Computing	3	ビジネスコンピュータ実習
Real Estate Development:		不動産開発
Principles of Hospitality Real Estate	3	ホスピタリティ不動産の原理
Management and Organizational Behavior:		マネジメントと組織行動
Organizational Behavior and Leadership Skills	3	組織行動とリーダーシップスキル
Total Core	64	必修科目計
Hotel Electives	14	ホテル科選択科目
Non HAdm Electives	15	一般教養・共通科目
First Year Writing Seminar	24	初年度ライティングセミナー
Free Electives	3	他学部履修科目
Total Program	120	履修科目計

※上記科目の履修に加えて，800時間のホテル実習が必要
注：カリキュラム内容を勘案して筆者（仲谷およびテイラー）が独自に科目名に日本語訳を加えた。
出所：コーネル大学ホテル経営学部 Web ページより
https://www.sha.cornell.edu/current-students/undergraduate/requirements/core.html（2016/1/3現在）

ホテル科選択科目（Hotel Electives）抜粋

Management and Organizational Behavior: Hospitality Management Seminar Hospitality Leadership	経営管理，組織行動 ホスピタリティ経営実務者講義 ホスピタリティ・リーダーシップ
Managerial Communication: Intercultural Communication in Global Business	管理者コミュニケーション手法 異文化コミュニケーション
Service Operations Management: Advanced Revenue Management Yield Management	サービス・オペレーション管理 上級レベニュー・マネジメント イールド・マネジメント
Food & Beverage Management: Wine and Food Pairing Principles and Promotion Bevearge Management Contemporary Healthy Foods	飲料マネジメント ワイン・料理ペアリング・販売促進 ベバレッジ管理 現代健康食品
Entrepreneurship: Restaurant Entrepreneurship Entrepreneurial Management Strategic Business Plan Development	起業 レストラン起業手法 起業管理 戦略的ビジネスプラン開発
Properties Development and Management: Hospitality Facilities Design Hotel Development	施設開発と管理 ホスピタリティ施設デザイン ホテル事業開発
Services Marketing: International Marketing Consumer Behavior Managing Hospitality Distribution Integrated Marketing Communications	サービスマーケティング インターナショナル・マーケティング 消費者行動 ホスピタリティ流通管理 統合マーケティング・コミュニケーション
Information Systems: Fundamental of Database Management and Data Analysis Advanced Business Modeling	情報システム 基礎データベース管理・データ分析 上級ビジネスモデリング
Finance/Accounting: Financial Strategy Analysis of Financial Statements	財務/会計 財務戦略 財務諸表分析
Real Estate Development: Hospitality Real Estate Finance Real Estate Finance and Investments	不動産開発 ホスピタリティ不動産財務 不動産財務・投資

注：ホテル科選択科目の中から筆者（仲谷およびテイラー）が抜粋し，独自の日本語訳を加えた。
出所：https://sha.cornell.edu/current-students/undergraduate/requirements/electives.html（2016/1/3現在）

Section
12-5

ホスピタリティの基本姿勢，ホスピタリティとマーケティング，ホスピタリティとコミュニケーション，ハードとソフト，気遣い・心配りとおもてなし，マナーとエチケット，ホスピタリティとサービス，茶道の心とホスピタリティ

ホテル・スタッフの基本姿勢

POINT

ホテルをはじめとしたホスピタリティ・ビジネスの基本理念は，ホスピタリティ・マインドや姿勢を持つことである（3-2）。そして，ただ単に，対面した相手に対する気遣い・心配りにとどまらず，ビジネス全体の経営資源を顧客満足に向けて集中させるマーケティングの視点をもつことである。

ホスピタリティとマーケティング

ホテルにとって商品とは，時間と空間で形づくられる快適性，機能性，安全性である。それにも増して重要なことは，ゲストがホテルで出会う「満足感に充ちた体験」と，それによってもたらせる「よき思い出」である。これらは，一見情緒的，観念的なものとらえられがちであるが，本来，精緻に組み立てられたマーケティング活動によって実現される。

ホスピタリティとコミュニケーション

「ときめき」と「やすらぎ」

ホテルのゲストが求める体験は，「ときめき」と「やすらぎ」で表現される。前者は，ウェディングやレストランでの会食などにおける非日常性を表し，後者は，ビジネス出張における宿泊などの日常性を表す。ホテルは，顧客の求めを事前に察知して，よき思い出を演出すべくハード[15]とソフト[16]の中にホスピタリティを埋め込む必要がある。

「気遣い・心配り」と「おもてなし」

ホスピタリティは，日本語では単に「おもてなし」と訳されることがある。しかしながら，日本人にとって，「おもてなし」とは，非日常的な歓待，酒食による饗応が強調される傾向にある。しかし，疲れた遠来のお客には，しばしの休息が優先されるべき場合もあり，「そっとしておくホスピタリティ」もある。このように，ホスピタリティには，相互の意思の疎通，すなわちコミュニケーションが重要であり，ホスピタリティは，「気遣い・心配り」もしくは「相手が置かれている状況に応じたおもてなし」と，訳されるべきであろう。

「マナー」と「エチケット」

「マナー」[17]や「エチケット」[18]は，守るべき規律・規範と同義にあつかわれることが多い。しかしながら，本来は，自らが所属する社会と正しくコミュニケーションをとろうとする姿勢を示したもので，周りの人々に対する「やさしさ」，「姿勢・態度」，「気遣い・心配り」，すなわち「ホスピタリティの精神」がその根底にある。

「ホスピタリティ」と「サービス」

「ホスピタリティ」と「サービス」はともに，対人的な便宜供与を意味する。前者が，能動的，情緒的，質的であるのに対して，後者は，受動的，機能的，量的な便宜供与といえる（図表12－3）。しかしながら，ホスピタリティとサービスとは対立軸にあるのではなく，サービスを，よりよいものにしようとする姿勢や行動を，ホスピタリティと呼ぶ。

茶道に見るおもてなしの心

我が国には，ホスピタリティに対応する生活文化に根付いた「茶道の心」がある。もてなす側の主人は，季節感やその時々の思いを，ハード，ソフトに表現する。それは，客人が，心地良く過ごすための時間と空間づくりであり，主人，客人双方の対等なコミュニケーション・ツールとなっている。「茶道」は，一部の人だけが極める特別な「道」のように理解され，堅苦しい，敷居が高いなどのイメージを持つ人々も少なくない。しかし，その中身は，本来，日本人がもっている気遣い，心配りなど，生活文化を象徴する非常に合理的で理にかなったものである。

図表12－3：ホスピタリティの概念チャート

	ホスピタリティ（Hospitality）	サービス（Service）
英語の意味	親切なおもてなし	奉仕・便宜
語源（ラテン語）	Hospitalis（客を厚遇する）	Servus（奴隷）
派生語	Hotel（ホテル） Hospital（病院）	Servant（召使） Slave（奴隷）
人間関係	対等な関係 「相手のことを思いやる」	上下の関係 「相手の命令に服従する」
目的	相手を満足させること	相手への義務を果たすこと
思考と行動	能動的 「やってあげたい！」 情緒的 「よろこばせてあげたい！」 質的 「状況に応じて対応してあげたい！」	受動的 「やらねばならぬ」 機能的 「忠実，正確，迅速にやろう」 量的 「決められた通りにやろう」

出所：仲谷秀一・杉原淳子・森重喜三雄著（2006）『ホテル・ビジネス・ブック』139頁をもとに筆者（テイラー）が加筆修正。

■注　記

1）キャリア・パス（Career Path）→同一職種内，企業内において自らの職業経験，すなわちキャリアを積み重ね，昇進するための進路

2）エントリーレベル（Entry-level）の仕事とは，未熟練または未経験者向きの仕事をさすが，ホテルの場合，専門的な熟練を要しない仕事と定義できる。

3）チップ（Tip）→欧米圏のサービス業では，現場サービス員の給料の一部と考えられている。日本のホテルでは，サービス料の中に含まれているので，原則チップ不要となっている。日本でも，サービス向上への刺激剤としてチップの復活を促そうという意見もあるが，一般社会において，チップの授受についての生活習慣が根付いていない日本での実現は難しい。

4）インターンシップ（Internship）→学生の実務研修を目的とした職業体験。海外のホテルの場合，特別なインターン・プログラムを用意しているわけではなく，通常の業務・トレーニング・マニュアルにそって就労する。エントリーレベルの仕事が中心となるが，本人の希望と熟練次第で，難度の高い仕事を経験することもできる。我が国のホテル・インターンシップの場合，数日間から2週間ぐらいのいわば職場見学的なものが多い。

5）クラーク（Clerk）→事務職員。

6）キャリア・アップ（Career Up）→経歴を高くすること，上向きの転職をいう。高度な専門職や管理職への転職，地位の高い高級の職に自らを売り込んでいくことをいう。

7）ミッション・ステーツメント（Mission Statement）→企業の理念，使命，行動指針などを明文化したもの。リッツ・カールトンでは「クレド（Credo）」という名刺サイズのカードとして全社員が携行している。

8）キャリア採用→職業経験を評価基準とした中途採用のシステム。

9）ヘッド・ハンティング（Head-hunting）→実績と実力のある幹部級の人材を他社，他業界からスカウトすること。

10）労働集約性の高い産業→人的労働の投入率の高い，農業，商業，サービス業などの産業。

11）世界的ホテル運営企業では，特別に優秀なホテル経営系大学卒業生を，日系ホテル企業における総合職の定期採用と同様に，卒業と同時にコーポレート・トレーニーとして採用する。しかしながら，その難易度は高く，多くのホテル経営系大学卒業生は，日本における契約社員の制度と同じような条件で，職種別にキャリア・アップをはかることとなる。

12）仲谷秀一著『新総支配人論』嵯峨野書院，53-55頁。

13）TOEIC（トーイック）→Test of English for International Communicationの略称。英語によるコミュニケーション能力を幅広く評価する世界共通のテスト。60数ヶ国で実施。

14）TOEFL（トーフル）→Test of English as a Foreign Languageの略称。国際標準の英語能力テスト。英語圏の大学・大学院留学の際には必須となる。

15）ハード→ハードウェア（Hardware）→ホテルの建物・設備・内装や什器・備品を指す。

16）ソフト→ソフトウェア（Software）→ホテルの人的・機能的サービス全般を指す。

17）マナー（Manner）→人の習慣的な態度や話し方。複数形で礼儀，作法。

18）エチケット（Etiquette）→Good Manners，礼儀・作法。

参 考 文 献

欧文文献

Denny G Rutherrford, *"Hotel Management and Operation"*, John Wiley & Sons, 1995

The Hotel Association of New York City, Inc. *"Uniform System of Accounts for Lodging Industry", Tenth Revised Edition*, 2006（大塚宗春監修，山口祐司訳『米国ホテル会計基準』税務経理協会2009）

James J. Eyster, *"The Negotiation and Administration of Hotel & Restaurant Management Contracts, Third revised expanded edition"*, Cornell University, 1988（山口祐司・勝俣索訳『ホテル・レストランのマネージメント契約』柴田書店1992）

Michael M. Coltman & Martin G. Jagels, *"Hospitality Management Accounting", Seventh Edition*, John Wiley & Sons, 2001

Tom Powers & Clayton W. Barrows, *"Introduction to Hospitality Industry", Forth Edition*, John Wiley & Sons, 1999

David K.　Hayes & Allisha A.　Miller *"Revenue Management For The Hospitality Industry"*（中谷秀樹訳『ホスピタリティ産業のレベニュー・マネジメント』流通経済大学出版会2014）

邦文文献

飯嶋好彦『サービス・マネジメント研究』文眞堂，2001年

井上博文『ホテル会計制度』明現社，1995年

井上理江他『リッツ・カールトン物語』日経 BP 社，2000年

岡本伸之『現代ホテル経営の基礎理論』柴田書店，1979年

カーサ　ブルータス特別編集『DESIGN HOTEL　100』マガジンハウス，2002年

グロービス・マネジメント・インスティテュート社編『MBA マネジメント・ブック』ダイヤモンド社，1995年

財団法人都市農山漁村交流活性化機構編『農山漁村 体験の宿』山と渓谷社，2005年

作古貞義『改定ホテル事業論』柴田書店，1994年

作古貞義『ホテルマネジメント』柴田書店，1998年

社団法人国民宿舎協会『公営国民宿舎ガイド』国民宿舎協会，2005年

杉原淳子『ファッションマーケティング』嵯峨野書院，2004年

鈴木博・大庭祺一郎『基本ホテル経営教本』柴田書店，1999年

高月璋介『基礎からわかるホテルマンの仕事』柴田書店，1995年

高月璋介・山田寛『ホテルのサービス・マーケティング』柴田書店，2005年

田中掃六『レストラン・マネジメント概論』プラザ出版，1998年

田中道雄・白石善章・佐々木利廣他『中小企業経営の構図』税務経理協会，2002年

永宮和美『ホテル業界のすべてがわかる本』ぱる出版，1999年

日本ホテル経営学会編『ホテル用語辞典』柴田書店，2000年

多摩大学総合研究所大和ハウス工業生活研究所編『ホテル経営を考える』実業出版，1993年

土井久太郎『よくわかるホテル業界』日本実業出版，2000年

服部勝人『ホスピタリティ・マネジメント入門』丸善，2004年
長谷政弘編『観光学辞典』同文館，2001年
原勉・岡本伸之・稲垣勉『ホテル産業界』教育社，1991年
福永昭・鈴木豊『ホスピタリティ産業論』中央経済社，1996年
ホスピタリティ・ビジネス研究会編『ホスピタリティ・マーケティング用語事典』アイ・ケイコーポレーション，2004年
松本慶大『ホテル・旅館のウェブマーケティング実践術80』オータパブリケーションズ，2014年
森拓之『「東京ホテル戦争」を制するホテルブランドはどこか？』インデックスコミュニケーションズ，2004年
山と渓谷社大阪支局編『使えるコテージ』山と渓谷社，2005年
吉田方矩『人材活用で生きるホテル現場「ホテル人的資源管理論」』柴田書店，2004年
仲谷秀一『新総支配人』嵯峨野書院，2004年
仲谷秀一「日本のホテルチェーン再生に不可欠なブランド再構築」『週刊ダイヤモンド』12月９日号　ダイヤモンド社，2000年
仲谷秀一「総支配人の育成こそ日本のホテル経営再生への道」『週刊 HOTERES』10月５日号 オータパブリケイションズ，2001年
仲谷秀一「外資系ホテルにおける総支配人の役割に関する一考察」『大阪学院大学流通・経営科学論集』第28巻第３号，2002年
仲谷秀一「“Uniform System of Accounts for Lodging Industry”の日本への導入に関する一考察」『大阪学院大学流通・経営科学論集』第29巻第２号，2003年
仲谷秀一・杉原淳子・テイラー雅子・中村光信『ホテル・マーケティング・ブック』中央経済社，2011年

索　引

ア行

カ行

サ行

タ行

ナ行

ハ行

マ行

ヤ行

ラ行

欧語・略語

著者紹介

仲谷　秀一（なかたに　ひでかず）

元・大阪学院大学教授。
元・大阪学院大学ホスピタリティインダストリー研究所所長。
経歴　関西学院中学部・高等部・同大学商学部卒業。
　　ロイヤルホテル取締役大阪グランドホテル（現リーガグランドホテル）支配人，ホテル阪神常務取締役総支配人などを歴任。実業の傍ら関西学院大学，大阪学院大学で非常勤講師。2000年大阪学院大学教授，2006年同大学ホスピタリティインダストリー研究所の初代所長に就任。主著に『新総支配人論』（単著）嵯峨野書院，2004年など。

テイラー雅子（ていらー　まさこ）

大阪学院大学経営学部ホスピタリティ経営学科教授，
大阪学院大学ホスピタリティインダストリー研究所所長
経歴　コーネル大学大学院ホテル経営学博士課程修了（M.P.S），ホテル経営学博士（Ph.D）。外資系ホテルや日系ホテルを経て，ハイアットインターナショナル日本地区トレーニング代表を務めた後，米国コーネル大学大学院にて組織行動論や人材マネジメント論の立場からホテル経営学を研究。コーネル大学ホテル経営学部客員准教授，関西外国語大学准教授を経て現職。

中村　光信（なかむら　みつのぶ）

㈱ホテル・マーケティング研究所代表，大阪学院大学ホスピタリティインダストリー研究所研究員，（元）武庫川女子大学，同短期大学，近畿大学等で非常勤講師。
経歴　甲南大学文学部卒業後，日系ホテルや外資系国際ホテルチェーン勤務を経て，大阪ヒルトンインターナショナル（現ヒルトン大阪）にて，開業準備室営業副支配人，セールス&マーケティング部長，人事部長を歴任。その後，リゾート・ホテルやビジネス・ホテルの再生に携わるとともに，㈱ホテル・マーケティング研究所代表に就任（現任）。NPO 法人ツーリズム研究機構会員，キャリア・コンサルタント。

ホテル・ビジネス・ブック〈第2版〉
――EHB（Essentials of Hospitality Business）

2006年9月15日　第1版第1刷発行
2015年3月30日　第1版第18刷発行
2016年6月10日　第2版第1刷発行
2023年9月20日　第2版第14刷発行

著者　仲谷秀一
　　　テイラー雅子
　　　中村光信
発行者　山本継
発行所　㈱中央経済社
発売元　㈱中央経済グループパブリッシング
〒101-0051　東京都千代田区神田神保町1-35
電話　03（3293）3371（編集代表）
03（3293）3381（営業代表）
https://www.chuokeizai.co.jp
印刷／文唱堂印刷㈱
製本／㈲井上製本所

＊頁の「欠落」や「順序違い」などがありましたらお取り替えいたしますので発売元までご送付ください。（送料小社負担）
ISBN978-4-502-18141-2　C3034